本书是天津市2019年度哲学社会科学规划课题“[illegible]
‘走出去’企业财税问题案例研究”（TJGL19XSX-037）最终成果。

“一带一路”倡议下天津“走出去”企业财税问题案例研究

赵 丽 著

·北京·

图书在版编目（CIP）数据

“一带一路”倡议下天津“走出去”企业财税问题案例研究 / 赵丽著. -- 北京 : 群言出版社，2025. 1.
ISBN 978-7-5193-1048-6

Ⅰ. F279.23；F812.423

中国国家版本馆CIP数据核字第20251NH595号

责任编辑：孙华硕
封面设计：知更壹点

出版发行：群言出版社
地　　址：北京市东城区东厂胡同北巷1号（100006）
网　　址：www.qypublish.com（官网书城）
电子信箱：qunyancbs@126.com
联系电话：010-65267783　65263836
法律顾问：北京法政安邦律师事务所
经　　销：全国新华书店

印　　刷：三河市南阳印刷有限公司
版　　次：2025年6月第1版
印　　次：2025年6月第1次印刷
开　　本：710mm×1000mm　1/16
印　　张：12
字　　数：208千字
书　　号：ISBN 978-7-5193-1048-6
定　　价：36.00元

作者简介

赵丽，2006 年毕业于天津商业大学会计专业，获得研究生学历，管理学硕士学位，现就职于天津商务职业学院，长期担任“基础会计”“企业财务会计”等课程教学工作，天津市级精品课程“应用统计”主讲教师。主持天津市“十三五”教育科学规划课题一项，参与省部级课题研究多项，发表论文 10 余篇。曾获得 2017 年天津市高等职业院校信息化教学大赛课堂教学赛项三等奖。

前 言

自2013年共建“丝绸之路经济带”和“21世纪海上丝绸之路”（简称“一带一路”）倡议提出以来，在各方的共同努力下，共建“一带一路”取得了突出的成绩。习近平主席指出，“共建‘一带一路’倡议提出10年来，中国同各方合作伙伴一道，弘扬和平合作、开放包容、互学互鉴、互利共赢的丝路精神，共同为全球互联互通贡献力量，为国际经济合作搭建平台，为世界经济增长增添动力”[①]。2023年是“一带一路”倡议提出十周年，值此之际，国务院新闻办公室发布《共建“一带一路”：构建人类命运共同体的重大实践》白皮书。白皮书显示，截至2023年6月底，中国已与五大洲的150多个国家、30多个国际组织签署了200多份共建“一带一路”合作文件。截至2023年8月底，80多个国家和国际组织参与中国发起的《推进“一带一路”贸易畅通合作倡议》。中国与28个国家和地区签署21份自贸协定;《区域全面经济伙伴关系协定》于2022年1月1日正式生效，与共建“一带一路”覆盖国家和地区、涵盖领域和内容等方面相互重叠、相互补充，在亚洲地区形成双轮驱动的经贸合作发展新格局。中国还积极推进加入《全面与进步跨太平洋伙伴关系协定》和《数字经济伙伴关系协定》。中国与135个国家和地区签订了双边投资协定；与112个国家和地区签署了避免双重征税协定（含安排、协议）；与35个共建国家实现“经认证的经营者”互认；与14个国家签署第三方市场合作文件。2013—2022年，中国在共建国家的承包工程年均完成营业额大约1300亿美元，建设了中老铁路、雅万高铁等一系列标志性项目。2013—2022年，中国与共建国家进出口总额累计19.1万亿美元，与共建国家双向投资累计超过3800亿美元[②]。

中国税务部门积极响应“一带一路”倡议，发挥税务力量，助力“一带一路”建设：建立健全机制，全面规范税收支持举措，统筹税务系统开展服务“一带一路”建设工作，包括落实税收协定、优化纳税服务、强化信息研究、深化税

① 第一观察·瞬间 | “一带一路”，五洲共建［EB/OL］.（2023-10-18）［2024-05-27］. https://www.yidaiyilu.gov.cn/p/02HNGCMF.html.

② 共建“一带一路”十周年 这份成绩单很亮眼［EB/OL］.（2023-10-11）［2024-05-27］. https://www.yidaiyilu.gov.cn/p/087OQOQP.html.

收合作等，印发了《国家税务总局关于落实“一带一路”发展战略要求 做好税收服务与管理工作的通知》《国家税务总局关于进一步做好税收服务“一带一路”建设工作的通知》；谈签税收协定，保障“走出去”纳税人权益，积极开展涉税争议案件相互协商，有效避免和消除国际重复征税；举办合作会议，推动“一带一路”税收合作；研究“一带一路”国家，以及中国“走出去”纳税人主要投资目的地的税收制度，发布国别（地区）投资税收指南；实施援外培训班，协助提升税收征管能力；优化纳税服务，助力改善营商环境[①]。另外，国家税务总局为了服务高水平对外开放，打造了“税路通”品牌，具体内涵包括“信息通”“政策通”“服务通”[②]。

随着“一带一路”建设的深入推进，越来越多的中国企业开始走出国门，参与到国际经济合作与竞争中。这些“走出去”企业在享受国际化发展带来的机遇的同时，也面临着财税方面的诸多挑战。因此，研究“一带一路”倡议下“走出去”企业的财税问题，具有重要的现实意义和理论价值。天津作为中国北方地区的重要港口城市和经济中心，具有得天独厚的地理优势和产业基础，成为“一带一路”建设的重要节点城市。在“走出去”方面，天津同样涌现出一批具有代表性的企业，它们在国际化发展过程中遇到的财税问题对于其他地区的“走出去”企业具有借鉴意义。

本书对天津“走出去”企业在“一带一路”倡议下的财税问题进行案例研究，分析这些企业在国际化过程中遇到的财税问题及其成因，探讨解决问题的策略和方法，为企业更好地应对国际财税挑战提供参考。同时，本书希望能够为政府部门制定更加科学合理的财税政策、促进“一带一路”倡议下的国际经济合作提供有益的建议。

本书的研究内容如下：一是总论，介绍研究背景、研究价值、文献研究、研究方法、概念界定与理论基础、研究框架；二是企业“走出去”的宏观政策与微观现状；三是企业“走出去”的国际税收环境；四是天津“走出去”企业财税问题分析；五是助力天津“走出去”企业参与“一带一路”倡议的财税政策研究；六是“一带一路”倡议下的税收征管合作机制及“走出去”企业的财税人才培养。

总之，本书通过对天津“走出去”企业在“一带一路”倡议下的财税问题进行案例研究，旨在为企业和政府部门提供有益的参考和建议，推动“一带一路”

① 国家税务总局新媒体. 贡献中国税务力量 助力“一带一路”建设［EB/OL］.（2019-04-23）［2024-05-27］. https://www.chinatax.gov.cn/chinatax/n101290/c4324811/content.html.

② 国家税务总局新媒体. 更好服务高水平对外开放！税务总局打造“税路通”服务品牌［EB/OL］.（2024-03-27）［2024-05-27］. https://www.chinatax.gov.cn/chinatax/c102504/c5222074/content.html.

建设向更高水平发展。同时，笔者也希望本书能够为相关领域的研究提供新的思路和视角，促进学术研究的深入发展。

在未来的研究中，笔者将继续关注天津“走出去”企业在“一带一路”建设中的发展动态和财税问题，不断完善和更新本书的研究内容和结论。同时，笔者也期待与更多的学者和实践者共同探讨和解决国际化进程中的财税问题，为推动中国企业的国际化发展贡献更多的智慧和力量。

目　录

第一章　总论

第一节　研究背景

党的二十大报告指出，“推进高水平对外开放。依托我国超大规模市场优势，以国内大循环吸引全球资源要素，增强国内国际两个市场两种资源联动效应，提升贸易投资合作质量和水平。稳步扩大规则、规制、管理、标准等制度型开放。推动货物贸易优化升级，创新服务贸易发展机制，发展数字贸易，加快建设贸易强国。合理缩减外资准入负面清单，依法保护外商投资权益，营造市场化、法治化、国际化一流营商环境。推动共建‘一带一路’高质量发展”[①]。

2013年，习近平总书记提出建设“丝绸之路经济带”和“21世纪海上丝绸之路”的合作倡议，即“一带一路”倡议。“一带一路”建设硕果累累，2013—2021年，对“一带一路”沿线国家直接投资累计1613亿美元，“一带一路”沿线国家已成为我国企业对外投资的首选地[②]。2023年，我国与共建“一带一路”国家进出口达到19.47万亿元规模，同比增长2.8%，占我国外贸总值的46.6%，规模和占比均为倡议提出以来的最高水平[③]。企业是“一带一路”建设的重要推动力量，也是“一带一路”建设的主要实践者和受益者。2023年4月，中国贸易促进委员会（简称“中国贸促会”）在广泛开展企业调研的基础上，撰写了《中国企业参与“一带一路”建设工作调查报告》。该报告显示，

---

① 习近平. 高举中国特色社会主义伟大旗帜 为全面建设社会主义现代化国家而团结奋斗：在中国共产党第二十次全国代表大会上的报告［M］. 北京：人民出版社，2022.

② 国家统计局. “一带一路”建设成果丰硕 推动全面对外开放格局形成：党的十八大以来经济社会发展成就系列报告之十七［EB/OL］.（2022-10-09）［2024-05-27］. https://www.stats.gov.cn/xxgk/jd/sjjd2020/202210/t20221009_1889044.html.

③ 金昱希. 2023年我国与共建“一带一路”国家进出口达19.47万亿元［EB/OL］.（2024-01-12）［2024-05-27］. https://economy.gmw.cn/2024-01/12/content_37086228.htm.

受访企业高度认同、看好并积极参与"一带一路"建设。在"一带一路"倡议的推动下，越来越多的企业开始"走出去"，寻求更广阔的市场和更丰富的资源。在政策沟通方面，通过在共建国家建设经贸合作区、国际合作物流基地等项目，政策沟通不断深化；在设施联通方面，通过参与共建国家基础设施建设，设施联通更加高效；在贸易畅通方面，通过建立全球一体化网络布局、创新贸易模式等，贸易畅通持续推进；在资金融通方面，通过加强与共建国家金融合作，提升共建国家金融机构协同能力，资金融通更为充分；在民心相通方面，通过推动科技创新合作、创新人文交流项目，促进中华优秀文化"走出去"，民心相通更富成果。

企业走出去，既是服务和融入国家战略的需求，在一定程度上代表我国的对外开放程度，同时，也是企业利用国内和国际的市场和资源，拓宽发展空间的必然途径。根据《2022 年度中国对外直接投资统计公报》，截至 2022 年底，我国 2.9 万家境内投资者在国（境）外共设立对外直接投资企业 4.66 万家，分布在全球 190 个国家（地区）。同时，我国也涌现出华为、海尔、联想等跨国公司。

然而，企业在"走出去"的过程中，面临着诸多风险，包括政治风险、汇率风险、法律风险、知识产权风险、税务风险等。由于不同国家和地区的税法差异较大，企业需要充分了解当地的税收法规和政策，以避免不了解税法所导致的税务风险，除了税收制度差异带来的风险，税务风险还包括双重征税、税收争议、国际反避税调查等。在"一带一路"建设中，税收扮演什么角色，税收政策如何发挥相应的作用，是值得探讨的重要课题。这一事关国家发展和多国合作的战略，离不开公共资源的支持和公共政策的导向。财政部提出要结合实施"一带一路"倡议，加快推进基础设施互联互通；国家税务总局表示，将积极研究和认真落实服务"一带一路"等的税收措施。"一带一路"的财税支持政策不可或缺[①]。

以上构成了笔者专门研究"一带一路"倡议下"走出去"企业财税问题的出发点，希望本书能为相关领域提供理论与实践上的借鉴。

① 本刊评论员. 根据"涉外"特点完善"一带一路"财税支持政策［J］. 财政监督，2017（16）：1.

第二节　研究价值

一、学术价值

本书的研究进一步丰富了“一带一路”倡议下的财税理论。我国对于“走出去”企业财税问题研究较为广泛，但是“一带一路”倡议赋予该问题新的时代内涵，以“一带一路”和“财税”或“税收”为主题，在中国知网上可以搜索到CSSCI（中文社会科学引文索引）期刊论文共计50篇左右，硕/博士学位论文20余篇，相关问题的理论研究还处于起步阶段，伴随着“一带一路”建设的深化，加强相关问题的研究变得更加紧迫。目前，我国对于“一带一路”倡议下财税问题的研究仍需深入、系统，更需要基于现实情况进行充分论证，提出更有针对性的政策建议。学者们对于该问题的研究为本书的课题研究奠定了基础，使得本书的课题研究具有可行性；另外，本书的课题研究基于调查、比较、案例分析提出政策建议，因此有效性更强；除此之外，本书的课题从基础理论入手，研究更具系统性，有助于丰富我国“走出去”企业涉税风险等财税理论。

二、应用价值

（一）尝试破解我国“一带一路”涉税焦点问题

2019年4月，34个国家和地区税务部门在浙江乌镇共同签署《“一带一路”税收征管合作机制谅解备忘录》，标志着“一带一路”税收征管合作机制正式成立。随着“一带一路”建设的深入推进，税收在优化生产要素配置、推动国际经贸合作等方面发挥着日益重要的作用，“一带一路”倡议下税务问题越来越值得关注。

（二）为“走出去”企业参与“一带一路”建设过程中遇到的国际税收问题提供政策建议

2019年4月，外交部举办了天津全球推介活动，天津作为“一带一路”建设的海陆交汇点、作为新亚欧大陆桥经济走廊的重要节点，又一次站在了新一轮改革开放的前沿。天津“走出去”企业在参与“一带一路”建设中具有什么特点？存在哪些财税风险？如何化解这些风险？本书旨在破解以上问题，专门针对天津企业参与"一带一路"建设中出现的国际税收问题开展研究，因地制宜地为天津企业更好地参与"一带一路"倡议提供财税政策支持，规避涉税风险，助力企业"走出去"。

第三节 文献研究

一、国内研究现状

自"一带一路"倡议提出以来，国内学者对于财税相关问题开展了一系列研究，主要集中在以下几个方面。

（一）"一带一路"倡议下实施财税政策的效用问题

李俊在《我国对外直接投资财税政策优化研究》中提出，传统的财税政策在功能设计上以降低企业对外投资的资金成本、降低境外投资税收负担、避免国际双重征税为主，客观上促进了我国对外投资直接发展[①]。"一带一路"税收研究课题组在《中国"走出去"企业"一带一路"税收调查报告》中阐述了中国企业在"一带一路"沿线国家（地区）遇到的税收问题，并提出长期和中短期的政策目标和改进建议，包括完善"一带一路"沿线国家（地区）税收制度和征管体系、协助其将数字化运用到税收征管领域等[②]。计金标和应涛在《"一带一路"背景下加强我国"走出去"企业税制竞争力研究》中提出，税收因素中国家关于跨国所得征税制度直接对对外投资成本和投资回报率产生作用，税收制度的国际竞争力与"走出去"企业的竞争力建设息息相关[③]。李顺明和杨清源在《"一带一路"新蓝图下助力中国企业"走出去"的财税政策建议》中提出完善税收政策体系，建立对外投资损失准备金，规范处理税收抵免办法，加快中国与沿线国家税收协定谈签与执行工作等[④]。

（二）"一带一路"倡议下特定省市的财税问题研究

石勤在《"走出去"企业涉税风险问题探究：以广西企业投资东盟"一带一

① 李俊. 我国对外直接投资财税政策优化研究［J］. 税务研究，2020（9）：90–94.

② "一带一路"税收研究课题组. 中国"走出去"企业"一带一路"税收调查报告［J］. 国际税收，2020（3）：67–73.

③ 计金标，应涛. "一带一路"背景下加强我国"走出去"企业税制竞争力研究［J］. 中央财经大学学报，2017（7）：19–27.

④ 李顺明，杨清源. "一带一路"新蓝图下助力中国企业"走出去"的财税政策建议［J］. 财政监督，2017（16）：24–27.

路”国家为例》中阐述了广西“走出去”企业在东盟“一带一路”国家投资中发生的重复征税、税收歧视、税收争议、反避税调查等涉税风险状况，从宏观和微观角度分析形成的原因，提出从政府层面建立境外投资税收管理体系，从企业自身角度出发探索税务风险防控策略，为广西企业“走出去”投资东盟“一带一路”国家提供决策参考①。广西国家税务局课题组等分析了“一带一路”背景下影响广西港口经济发展的制约因素，并提出利用“营改增”改革契机提高航运业发展水平、优化港口基础设施建设规划及利用企业所得税优惠政策等建议②。

（三）“一带一路”倡议下“走出去”企业税收争议与协调问题研究

郭鸣在《“一带一路”新形势下企业境外投资税收风险研究》一文中提出“一带一路”新形势下企业在境外税收风险管控方面存在“争议解决手段匮乏”的问题，中国企业在境外遇到税收纠纷和歧视待遇时有畏难情绪，倾向于利用公关手段来解决，较少寻求诉讼途径或国家税务总局的救济，并提出应采取“专业为主，公关为辅”的策略解决跨境税收争议，“专业为主”则包括国家税务总局救济、东道国诉讼和多国会谈协商③。刘诚宏和王坤在《“一带一路”倡议高质量发展阶段“走出去”企业税收争议解决机制的借鉴研究》中分析了“一带一路”沿线国家的双边税收协定问题，借鉴有关税收争议解决的国际经验，提出促进适应“一带一路”倡议高质量发展阶段税收争议解决机制的思路及建议④。马震在《“一带一路”视角下的国际税收协调研究》中分析了“一带一路”的国际税收协调状况，以及“一带一路”国际税收协调的路径等⑤。

（四）“一带一路”倡议下“走出去”企业税收风险问题研究

黄梦华在《“一带一路”背景下“走出去”企业税收风险防范问题研究》中选取了6个具体案例，对税制差异风险、税制变动风险、税收筹划风险、国际重复征税风险、税收争议风险、国际反避税调查风险进行了深入探讨，并提出6点防范措施，包括完善企业内部风险管理体系、制定合理的税收筹划、了解东道国

---

① 石勤．“走出去”企业涉税风险问题探究：以广西企业投资东盟“一带一路”国家为例［J］．财会通讯，2019（29）：125-128.

② 广西国家税务局课题组，李文涛，霍军，等．“一带一路”战略背景下广西港口经济发展的对策与财税支持政策［J］．经济研究参考，2016（17）：48-50.

③ 郭鸣．“一带一路”新形势下企业境外投资税收风险研究［J］．财会通讯，2023（16）：131-136.

④ 刘诚宏，王坤．“一带一路”倡议高质量发展阶段“走出去”企业税收争议解决机制的借鉴研究［J］．国际税收，2019（2）：49-51.

⑤ 马震．“一带一路”视角下的国际税收协调研究［J］．经济体制改革，2018（6）：132-137.

的税收制度、熟悉我国与东道国的税收协定等[①]。张平和孙阳在《“一带一路”倡议新时期“走出去”企业税收风险：防范、问题与对策》中提出税收风险包括对东道国税制认识不足、关联交易转让定价面临严峻挑战、尚不能有效利用税收争议解决机制等问题，分析了风险存在的原因，并提出包括优化“走出去”企业融资方案在内的6项举措[②]。

（五）“一带一路”相关国家税务问题研究

在一些报道中也散见一些学者对“一带一路”倡议的见解，如李妮娜和李顺明在《助力打造中国—东盟命运共同体的财税协调措施探索：2016年中国—东盟财税合作论坛综述》中提到泰国货币税收制度对中国烟酒产品开拓市场的制约，说明中国“走出去”企业对东盟各国税收制度了解不透，建议不仅要加大对各国税收制度的宣传力度，还要加强财税与金融制度及政策的培训等[③]。

综上所述，“一带一路”倡议下“走出去”企业的财税问题具有很大的研究价值，有的学者对于“一带一路”倡议下“走出去”企业的税收风险、税收协调等问题开展了研究，也有学者对于特定省市的财税问题开展了研究，并结合地方特点提出了财税建议，这些研究为本书的撰写奠定了基础并提供了值得借鉴的经验。

二、国外研究现状

境外投资税收问题的相关研究如下。

①关税同盟理论。关税同盟是由美国经济学家维纳（Viner）在其于1950年出版的《关税同盟问题》一书中提出的，它是指两个或两个以上国家缔结协定，建立统一的关境，在统一关境内缔约国相互间减让或取消关税，对关境以外的国家或地区的商品进口则实行共同的关税税率和外贸政策。关税同盟具有贸易转移等效果。

②关于税务管理的研究。英国经济学家亚当·斯密（Adam Smith）在其著作《国富论》中论述了征税的四大原则，即平等原则、确定原则、便利原则和最少征收费用原则，从政府的征收成本方面对税务管理进行了解读和论述。

③关于税收制度与对外投资关系的研究。著名学者哈特曼（Hartman）是研

---

① 黄梦华．“一带一路”背景下“走出去”企业税收风险防范问题研究［D］．石家庄：河北经贸大学，2022.

② 张平，孙阳．“一带一路”倡议新时期“走出去”企业税收风险：防范、问题与对策［J］．税务研究，2018（6）：65–67.

③ 李妮娜，李顺明．助力打造中国—东盟命运共同体的财税协调措施探索：2016年中国—东盟财税合作论坛综述［J］．税务研究，2017（1）：123–126.

究母国税收制度对对外直接投资影响的先驱，其于 20 世纪 80 年代开展的系列研究揭示了母国税收制度是如何影响对外直接投资的。另有学者针对母国税率、母国减除国际重复征税的方法、税收激励等对对外直接投资的影响开展研究。

综上所述，国外学者的研究表明了税收管理在调节、监督经济等方面发挥着作用，特别是母国税收制度与对外投资关系的研究说明了本书研究的可行性，为本书的研究奠定了理论基础。

第四节　研究方法

一、文献研究法

本书通过查找大量的期刊、学位论文、网站信息、书籍等资源，阅读相关的文献资料，了解国家相关的政策法规以及前人的研究成果，奠定了本书的研究基础，确立了研究的目标与思路。

二、调查研究法

为了解天津参与“一带一路”的情况，本书通过问卷调查，了解天津企业参与“一带一路”的状况，包括开展的业务类型、规模、面临的主要财税问题等，为后续研究提供依据。

三、个案分析法

本书以 5 家参与“一带一路”倡议的天津企业为例，研究“一带一路”倡议为其带来的机遇、其在“走出去”过程中的有效经验、面临的主要财税问题，以及对于其他企业的借鉴意义。

第五节　概念界定与理论基础

一、核心概念

（一）“一带一路”倡议

“一带一路”是促进共同发展、实现共同繁荣的合作共赢之路，是增进理解信任、加强全方位交流的和平友谊之路。“一带一路”倡议秉持四大理念，即和平合作、开放包容、互学互鉴、互利共赢。“一带一路”贯穿欧亚非大陆，需要沿线各国携手努力，朝着互利互惠、共同安全的目标相向而行，努力实现区域基础设施更加完善，基本形成安全高效的陆海空通道网络，互联互通达到新水平；投资贸易便利化进一步提升，高标准自由贸易区网络基本形成，经济联系更加紧密，政治互信更加深入；人文交流更加广泛深入，不同文明互鉴共荣，各国人民相知相交、和平友好。

“六廊六路多国多港”是共建“一带一路”的主体框架，其中，“六廊”即新亚欧大陆桥经济走廊、中蒙俄经济走廊、中国—中亚—西亚经济走廊、中国—中南半岛经济走廊、中巴经济走廊和孟中印缅经济走廊。

（二）“走出去”企业

“走出去”企业是指企业通过跨国经营、对外投资等方式，将业务拓展到海外市场，实现全球化经营。“走出去”企业在境外开展的活动主要包括对外投资、对外承包工程和对外劳务合作。

对外投资是指在中华人民共和国境内依法设立的企业通过新设、并购及其他方式在境外拥有企业或取得既有企业所有权、控制权、经营管理权及其他权益的行为。

对外承包工程是指中国的企业或者其他单位承包境外建设工程项目的活动，包括咨询、勘察、设计、监理、招标、造价、采购、施工、安装、调试、运营、管理等。

对外劳务合作是指组织劳务人员赴其他国家或者地区为国外的企业或者机构工作的经营性活动。

（三）财税政策

财政政策是指为促进就业水平提高，减轻经济波动，防止通货膨胀，实现稳定增长而对政府财政支出、税收和借债水平所进行的选择，或对政府财政收入和支出水平所做的决策。财政政策包括税收政策、政府支出政策、调整物价政策等，政府通常会根据经济形势综合运用财政政策手段来调节经济。

可见，财政政策是包含税收政策的。税收政策是政府为了实现经济和社会目标而制定的规范和调节税收的一系列法律、法规和规章的总称。税收政策的核心目标是实现财政收入的最大化和社会福利的最大化，同时还要考虑税收的公平性和效率性。税收政策的具体内容包括税种、税率、税收优惠、税收征管等。政府通过制定不同的税收政策，可以调节经济活动、促进产业结构升级、缩小贫富差距、提高社会福利等。

本书所述财税政策更倾向于对“走出去”企业税收政策的探讨，包括“一带一路”倡议下企业“走出去”的税收抵免、税收条约、风险管理、税收征管、财税人才培养等问题。

二、理论基础

（一）税收管辖权理论

税收管辖权实质上是一种征税权，它是国家在其主权管辖范围内享有的税权，是国家主权在税收领域的体现，具有独立性和排他性。税收管辖权是国际税法中的一个基本范畴，是分析国际税收关系的前提，国家之间税收权益的协调必须相互尊重其税收管辖权。税收管辖权意味着一个国家在税收方面行使权力的完全自主性，以及在处理本国事务时所享有的不受外来干涉和控制的权力。税收管辖权一般由该国政府行使，基于这种权力，一国政府可以决定对哪些人征税、征何种税、征多少税以及如何征税。税收管辖权既是一国政府确定纳税人、税种和税率并行使征税的实体权力，又是在国际税法领域处理国家间税收利益冲突、避免重复征税与反避税方面的征管权力。

国际上通常将税收管辖权划分为居民（公民）税收管辖权和来源地税收管辖权。世界上各个国家依据自身的经济发展水平和需求不同，实施不同的税收管辖权。

1. 居民税收管辖权

居民税收管辖权是税收管辖权划分原则中属人原则的体现，即对本国居民来自境内外的所得均享有征税权。一国居民身份的判定是国家行使居民税收管辖权的关键。

关于自然人居民身份认定标准，国际上一般有四种判定标准：一是住所标准，按照自然人在征税国境内是否拥有固定或永久性居住场所来判定是否为征税国居民纳税人；二是居所标准，依据自然人在征税国境内连续居住了较长时间但不具有永久居住的性质，与住所标准不同的是，住所是永久居住地，强调自然人有永久居住的意愿，而居所是人们出于某种原因暂住之地，强调长期居住的事实；三是居住时间标准，依据自然人在征税国境内停留的时间来判定，若超过规定的期限（各国关于居住时间和期限的规定不一致），则确定该自然人具有征税国的居民身份；四是国籍标准，根据自然人自身所属国籍来判定其征税国居民身份。

我国目前对于自然人居民身份的认定标准如下：在我国有住所，或者虽无住所，但在我国境内居住满 1 年，则构成我国纳税人居民身份。

关于法人居民身份认定标准，目前各国最常用的是登记注册地标准和管理机构所在地标准。登记注册地标准是指按照本国法律规定在本国注册成立的法人即为本国的法人居民。登记注册地标准的优势是容易识别、便于操作，各国倾向使用登记注册地标准。管理机构所在地标准则考虑法人的管理机构是不是设在本国，进而判断该法人是否构成本国的法人居民。

我国目前对于法人居民身份的认定标准如下：在境内依照我国法律成立或者虽然依照外国法律成立，但在我国设立实际管理机构的企业为我国的居民企业。

2. 来源地税收管辖权

来源地税收管辖权也称为地域税收管辖权，是按照属地原则建立起来的税收管辖权，征税国有权向跨国纳税人在该国境内取得的经济收入课税。确定所得的来源，对于正确行使来源地税收管辖权是十分重要的。对于不同种类所得来源地的判定标准和征税规则不同，一般按照营业利润（经营所得）、劳务所得、投资所得和财产收益四种形式，以相应的标准认定来源地，不同国家来源地划分标准有所不同。

任何国家都可以根据本国的实际情况选择不同的税收管辖权。税收管辖权的行使体现着不同的税收利益，因此，各国都会选择对本国有利的税收管辖权。在国际税收实践中，选择一种税收管辖权的国家比较少，大多数国家都选择双重管辖权，以其中一种税收管辖权为主，以另外一种税收管辖权为辅。我国也是选择同时行使来源地税收管辖权和居民税收管辖权的国家。这样就容易造成对于同一笔跨国所得两个国家均享有征税权的情况，导致国家之间的重复征税。对此，经济合作与发展组织（Organisation for Economic Co-operation and Development，OECD）及联合国（United Nations，UN）税收协定范本中规定采用常设机构原则来对跨国所得进行征税管理。常设机构原则被广泛应用于各国之间避免重复征税所签订的税收协定中。

（二）财税支持政策相关理论

财税支持政策的理论基础主要是国家干预经济的思想，即政府通过制定和实施财税政策干预市场经济。

1. 凯恩斯理论

英国经济学家凯恩斯（Keynes）对 20 世纪 30 年代初发生的世界经济危机进

行了深入的思考，于 1936 年发表了《就业、利息和货币通论》一书。在此之前的英国古典经济学派竭力反对国家干预经济，主张社会一切经济活动通过市场机制自行调节，政府应力求节约，税收数额应尽量减少，每年的财政收支都应保持平衡，税收应尽量避免干扰社会经济活动。凯恩斯认为古典经济学派的理论与事实不符，提出了有效需求不足理论，他认为经济的持续低迷是因为人们的有效需求不足，政府应当采取适当的政策去增加就业、刺激需求。因而，他积极主张国家干预经济活动，使财政税收成为刺激有效需求（即消费需求和投资需求）、加强宏观经济管理的重要工具。他和他的追随者从这些理论出发，提出了相应的税收理论和政策主张。这个学派的主要代表人物除凯恩斯之外，还有英国经济学家琼・罗宾逊（Joan Robinson）、哈罗德（Harrod），美国经济学家阿尔文・汉森（Alvin Hansen）、保罗・萨缪尔森（Paul Samuelson）等。

凯恩斯理论表明改革、完善财税政策助力“一带一路”倡议是可行的。

2. 供给学派减税理论

到 20 世纪 70 年代，“滞胀”，即经济停滞与通货膨胀并存。学者对凯恩斯主义持怀疑态度，如何医治“滞胀”便成为现代西方经济学家研究的重点。彼时，供给学派代表人物、美国南加利福尼亚大学商学院教授阿瑟・拉弗（Arthur Laffer）提出了“拉弗曲线”理论。拉弗曲线描绘了政府的税收收入与税率之间的关系，当税率在一定的限度以下时，提高税率能增加政府的税收收入，但超过这一限度时，再提高税率反而导致政府的税收收入减少。因为较高的税率将抑制经济的增长，使税基缩小，税收收入减少；反之，减税可以刺激经济增长，扩大税基，税收收入增加。由此他主张政府应当推行减税措施降低供给方的成本，而不是一味地刺激需求造成通货膨胀。

供给学派减税理论表明了使用降低税率、税收补贴等税收优惠措施刺激企业加大对“一带一路”沿线国家的对外投资和经贸合作是有效的。

3. 国际税收竞争理论

国际税收竞争的研究开始于 20 世纪 70 年代初。1971 年，美国经济学家戴蒙德（Diamond）与英国剑桥大学的米尔利斯（Mirrlees）教授合作发表长文《最优税制与公共生产：（Ⅰ）生产效率、（Ⅱ）税收规则》，全面探讨了最优税收问题，对最优税制理论研究具有开拓性作用。最优税制首先要符合税后效率原则的要求，其次还要兼顾税收公平原则的实现。他们用精细的数学工具证明，在税收和公共生产存在的情况下，考虑社会福利最大化时生产效率的存在性，即证明了最优效率点是存在的，并且最优点就在效率可行性边界上，提出了使经济处于帕累托有效状态的“拉姆齐—戴蒙德—米尔利斯税收法则”[①]。他们以经济开放为外部约束条件对税收制度优化进行分析，研究了资本能够跨国流动的小国最优资本所得税问题。他们认为，小国作为一个开放经济的国家，很难有效监测其居民的境外收入，因此建议对资本所得不征税，这一研究结论给国际税收竞争的后续研究提供了支撑[②]。之后，很多中外学者对于国际税收竞争问题开展研究，探讨了各国政府如何通过税收政策来吸引和留住资本、人才和投资。

国际税收竞争理论的核心观点是，税收政策是各国政府竞争的重要手段，通过降低税率、提供税收优惠等措施，可以增强本国市场的吸引力，进而促进经济增长和发展。经济全球化影响下的国际税收竞争理论，较完整地解释了各国政府竞相降低税率、实施税收优惠政策等方式的动机，并主张通过降低税负来吸引国际资本和人才的流入，达到推动国内经济发展的目的。

国际税收竞争理论指明了我国政府通过财税政策支持“一带一路”的其中一个目的，即只有加大与其他各国家的税收合作，才能为本国企业“走出去”提供更多的便利，谋求更多的福利。

第六节　研究框架

一、研究对象

本书的研究对象为天津参与“一带一路”倡议的“走出去”企业，具体研究这些企业在参与“一带一路”建设中存在的财税问题、风险、困难，进一步提出应对策略。

二、总体框架

（一）总论

该部分主要介绍研究背景、研究价值、文献研究、研究方法、概念界定与理论基础，以及研究框架。

---

① 赵玉平.“麻省神童”：彼得·戴蒙德［EB/OL］.（2019-01-16）［2024-05-27］. http://www.ctaxnews.com.cn/2019-01/16/content_947940.html.

② 应可阳. 新个人所得税居民境外税收抵免制度研究：基于国际税收竞争理论［D］. 杭州：浙江财经大学，2020.

（二）企业“走出去”的宏观政策与微观现状

该部分主要介绍我国为了鼓励、支持企业“走出去”，并参与到“一带一路”倡议中去所颁发的各类政策文件，归纳政策的效用；梳理企业“走出去”的发展现状；提出企业“走出去”的问题与举措。

（三）企业“走出去”的国际税收环境

该部分主要介绍国际税收制度沿革及我国参与的国际税收治理工作、我国关于境外所得税收抵免的法律体系、我国税收协定的签订与实施等。

（四）天津“走出去”企业财税问题分析

该部分采用案例分析的方法，选取典型企业案例具象化“走出去”企业面临的典型国际税收问题。该部分以 5 家参与“一带一路”建设的天津企业为例，分析“一带一路”倡议为企业发展带来的机遇，总结企业“走出去”面临的主要财税风险，提出案例的借鉴意义，为后续更有针对性地提出政策建议提供依据。

（五）助力天津“走出去”企业参与“一带一路”倡议的财税政策研究

该部分梳理天津为了促进企业“走出去”而发布的财税政策，总结财税政策促进“走出去”企业发展的经验；分析财税政策对天津“走出去”企业参与“一带一路”倡议的效应、财税政策的短板与不足；在借鉴国内外相关经验的基础上，提出促进天津“走出去”企业更好地参与“一带一路”倡议的主要财税支持政策建议，从而进一步优化税收营商环境。

（六）“一带一路”倡议下的税收征管合作机制及“走出去”企业的财税人才培养

该部分主要介绍“一带一路”倡议下税收征管机制的形成背景、实施效果、风险与挑战，以及“一带一路”税收征管合作机制发展建议等；“走出去”企业国际税收人才的现状、高校财税人才培养的适应性，以及“一带一路”倡议下职业教育财税人才培养路径等。

第二章　企业“走出去”的宏观政策与微观现状

随着经济全球化进程的不断加速，越来越多的企业开始寻求“走出去”的机会，以拓展国际市场、提高品牌知名度和获取更多资源。然而，企业“走出去”并非易事，需要面对各种挑战和风险。下面从宏观政策和微观现状两个方面，对企业“走出去”进行探讨，分析制约“走出去”企业发展的因素。

第一节　企业“走出去”的政策支持

一、我国企业“走出去”的战略要求

1978 年后，随着国内外政治经济形势的变化，我国在开展对外经济技术援助时，协助友好国家建设公共工程及其他经济发展项目，对外承包工程业务应运而生。同期，我国企业为开辟海外市场和扩大出口，开始在与我国贸易量较大的国家和地区进行直接投资，建立贸易、海运代理等机构，然后逐步向工农业生产领域拓展。对外承包工程和对外投资业务不仅带动了我国设备材料出口，也带动了劳务、技术和服务输出，对外劳务合作日益发展起来。2000 年，党的十五届五中全会第一次明确提出要实施“走出去”战略，2001 年批准的《中华人民共和国国民经济和社会发展第十个五年计划纲要》明确提出“实施‘走出去’战略”。“走出去”战略是我国对外经济合作实践与理论的总结和升华，是新时期对外经济技术合作的指导方针，标志着我国对外经济技术合作进入全面发展时期。党的十六大报告中提出，要“坚持‘引进来’和‘走出去’相结合，全面提高对外开放水平”，同时提出，“实施‘走出去’战略是对外开放新阶段的重大举措”。为支持和鼓励各类有条件的中国企业“走出去”开展对外投资办厂、境外加工装

配、境外资源开发、对外承包工程、对外劳务合作等各种形式的对外经济合作业务，我国政府采取了一系列政策措施，提供了多种服务，取得了显著成效。2001年，我国加入世界贸易组织也为企业更深层次、多领域参与国际合作，更好地融入世界经济，提升国际化经营能力和水平创造了有利条件。“十一五”期间，政府有关部门加快完善“走出去”法律框架和管理制度，进一步增强服务、促进职能，全面构筑“走出去”政策促进、服务保障和风险控制体系。“走出去”公共服务平台于2015年12月9日正式上线，平台下设国别（地区）指南、服务“一带一路”、境外安全风险防范、境外经贸合作区、投资合作促进等十项内容，通过该公共服务平台，相关企业可以更便捷、全面地获取我国政府关于“走出去”的政策信息，并可在线办理对外投资备案、核准，对外承包工程经营资格审批、投议标许可等业务。同时，该平台还公布了商务部主编的《对外投资合作国别（地区）指南》、各年度的《中国对外直接投资统计公报》等。此外，该平台还提供了企业查询功能，可通过国别、企业名称等关键词查询对外投资企业（机构）名录、对外承包工程企业名录、对外劳务合作企业名录。该平台上线后，获得国内各主要媒体和业界的广泛关注，被誉为我国政府鼓励企业开拓海外市场的又一实效举措。另外，我国政府特别关注“走出去”企业在境外的健康可持续发展，制定了《中国境外企业文化建设若干意见》（商政发〔2012〕104号），提出“加强境外企业文化建设，是我国加快转变‘走出去’发展方式的迫切需要，提高中华文化影响力和软实力的重要途径，推进和平发展的重要保证”，内容涵盖境外企业文化建设的总体要求、基本内容、实施和保障，共计17条。

各个地方政府也采取有效举措促使企业“走出去”。2015年10月，山东发布了《山东省人民政府关于加快实施“走出去”战略的意见》（鲁政发〔2005〕149号），提出加快实施“走出去”战略的工作重点包括加快推进境外资源合作开发，努力缓解山东能源和资源紧张的矛盾，大力开展对外承包工程、外派劳务等多种形式的国际经济技术合作。2006年8月，重庆出台《重庆市境外投资促进资金管理暂时办法》，鼓励重庆企业“走出去”，积极参与国际竞争。2007年6月，深圳市委、市政府发布《关于大力实施“走出去”战略的决定》（深发〔2007〕11号），提出创新和完善公共服务机构，建立适应国际化的政府运作机制，加大财政、信贷支持力度，搭建顺畅的融资渠道，多渠道造就外向型人才，建设“走出去”人才队伍，大力扶持航母型企业，培育打造深圳本土跨国公司，积极探索建设境外经贸合作园区，打造企业“走出去”的海外发展基地等多项举措。2010年6月，湖北省外事侨务办公室出台《深化为民营企业“走出去”服务的实施意见》，推出一系列措施，为湖北民企赴海外寻求商机搭建平台、提供便利。2019年5月18日，河北省发布《国际产能合作白皮书》，提出到2020年，全省备案（核准）的境外投资中方投资额力争达到50亿美元，钢铁境外产能力争达到年产1200万吨；培育一批有国际竞争力和市场开拓能力的跨国企业集团，建设一批以产能合作为重点的境外合作园区，实施一批以优势产业为龙头的重点产能合作项目，带动一批与国际产能合作相关联的重点装备出口。该版白皮书增加了"推进境外产业园区建设"的内容，并将其列入河北国际产能合作八大支持体系。八大支持体系包括建立组织保障、出台指导文件、部省协同机制、央企合作机制、"政银企信"协调机制、搭建各类平台、提升服务保障、推进境外产业园区建设。

二、我国企业"走出去"的主要宏观政策

根据商务部网站"走出去"公共服务平台信息，国家颁布的相关政策法规覆盖了境外经贸合作区、境外安全风险防范、金融服务等领域的政策法规，以及各种"走出去"类型的专门政策法规，包括对外投资、对外承包工程、对外劳务合作等。另外，该平台还提供了《对外投资合作国别（地区）指南》。我国企业"走出去"的主要政策如下。

（一）境外经贸合作区相关政策

境外经贸合作区相关政策见表2-1。

表2-1 境外经贸合作区相关政策

序号	政策名称	发布时间	主要内容
1	《对外承包工程管理条例》	2008.07	对我国的企业或者其他单位承包境外建设工程项目的活动、法律责任等予以规范
2	《商务部 国家开发银行关于支持境外经济贸易合作区建设发展有关问题的通知》	2013.12	支持国内企业"走出去"，商务部、国家开发银行支持合作区建设，提供投融资政策、融资服务、投资咨询和融资方案设计等
3	《境外投资管理办法》	2014.09	对于境外投资予以界定，对其备案和核准、规范和服务、法律责任等进行规范，旨在促进和规范境外投资，提高境外投资便利化水平

续表

序号	政策名称	发布时间	主要内容
4	《商务部关于印发〈境外经贸合作区服务指南范本〉的通知》	2015.08	境外经贸合作区建区企业为入区企业提供信息咨询服务、运营管理服务（含财税事务）、物业管理服务等方面的规范服务指南
5	《发改委、商务部等28部门关于加强对外经济合作领域信用体系建设的指导意见》	2017.10	在对外经济合作领域，以对外投资、对外承包工程和对外劳务合作、对外贸易、对外金融合作为重点，加强对外经济合作信用记录建设
6	《国务院办公厅印发〈关于加快内外贸一体化发展的若干措施〉的通知》	2023.12	提出五个方面的措施：促进内外贸规则制度衔接融合、促进内外贸市场渠道对接、优化内外贸一体化发展环境、加快重点领域内外贸融合发展、加大财政金融支持力度

（二）境外安全风险防范相关政策

境外安全风险防范相关政策见表2-2。

表2-2　境外安全风险防范相关政策

序号	政策名称	发布时间	主要内容
1	《商务部 外交部 发展改革委 公安部 国资委 安全监管总局 全国工商联关于印发〈境外中资企业机构和人员安全管理规定〉的通知》	2010.08	为保护境外中资企业机构和人员安全，保障“走出去”战略的顺利实施，对境外安全教育和培训、境外安全风险防范等予以规范
2	《商务部关于下发〈境外中资企业机构和人员安全管理指南〉的通知》	2012.01	中国对外承包工程商会要做好会员企业的境外安全风险管理培训工作，提供保险、咨询等服务；各地商务主管部门要对本地区对外投资合作企业的境外安全风险管理体系和制度建设工作给予指导等

（三）税收服务“一带一路”的相关政策

税收服务“一带一路”的相关政策见表2-3。

表 2-3　税收服务“一带一路”相关政策

序号	政策名称	发布时间	主要内容
1	《中华人民共和国企业所得税法》	2007.03	对中国境内的企业和其他取得收入的组织的生产经营所得和其他所得征收的所得税相关内容予以规范，包括纳税人、应纳税所得额、应纳税额、税收优惠、源泉扣缴等内容
2	《中华人民共和国税收征收管理法》	1992.09	为了加强税收征收管理，规范税收征收和缴纳行为，保障国家税收收入，保护纳税人的合法权益，促进经济和社会发展而制定该法。内容涵盖税务管理、税款征收、税务检查、法律责任等
3	《税务登记管理办法》	2003.12	包括总则，设立登记，变更登记，停业、复业登记，注销登记，外出经营报验登记，证照管理，非正常户处理，法律责任，附则，共计10章47条
4	《国家税务总局关于做好我国企业境外投资税收服务与管理工作的意见》	2007.03	充分认识税收在鼓励和规范我国企业境外投资中的重要作用；为我国企业境外投资提供优质税收服务；落实和完善我国企业境外投资税收政策；规范和加强我国企业境外投资的税收管理
5	《特别纳税调整实施办法（试行）》	2009.01	适用于税务机关对企业的转让定价、预约定价安排、成本分摊协议、受控外国企业、资本弱化以及一般反避税等特别纳税调整事项的管理
6	《国家税务总局关于境外注册中资控股企业依据实际管理机构标准认定为居民企业有关问题的通知》	2009.04	对境外注册的中资控股企业依据实际管理机构判定为中国居民企业的有关企业所得税问题进行规范
7	《财政部 国家税务总局关于企业境外所得税收抵免有关问题的通知》	2009.12	根据有关规定，就企业取得境外所得计征企业所得税时抵免境外已纳或负担所得税额的有关问题予以规范（第十条款中“经企业申请，主管税务机关核准”的规定已废止）

续表

序号	政策名称	发布时间	主要内容
8	《企业境外所得税收抵免操作指南》	2010.07	共有16条。居民企业以及非居民企业在中国境内设立的机构、场所依照《中华人民共和国企业所得税法》第二十三条、第二十四条的有关规定，应在其应纳税额中抵免在境外缴纳的所得税额的，适用该指南，内容涵盖关于境外应纳税所得额的计算、关于抵免限额的计算等
9	《国家税务总局关于加强国际税收管理体系建设的意见》	2012.04	加强国际税收管理体系建设的总体思路、基本原则和主要目标，明确国际税收管理工作任务，完善反避税工作机制等
10	《国家税务总局关于进一步做好税收服务“一带一路”建设工作的通知》	2017.04	要求高度重视税收服务“一带一路”工作，落实做好税收协定执行、落实国内税收政策、优化“走出去”税收服务等工作
11	《国家税务总局关于税收协定执行若干问题的公告》	2018.02	为统一和规范我国政府对外签署的避免双重征税协定的执行，对常设机构、海运和空运等条款，以及合伙企业适用避免双重征税协定等有关事项进行公告
12	《国家税务总局关于税收协定中“受益所有人”有关问题的公告》	2018.02	为执行中华人民共和国政府对外签署的避免双重征税协定，就避免双重征税协定股息、利息、特许权使用费条款中“受益所有人”身份判定有关问题进行公告

除了上述政策，企业“走出去”相关税收政策还包括出口退税政策以及我国与其他国家（地区）签订的税收协定（安排）。为充分发挥税收职能作用，国家税务总局国际税务司对“走出去”纳税人相关的税收政策及110个税收协定（安排、协议）进行归纳整理，总结共性涉税问题，编制了《“走出去”税收指引》（2021年修订版），共分4章，从税收政策、税收协定、管理规定及服务举措4个方面，按照适用主体、政策（协定）规定、适用条件、政策依据详细列举了“走出去”纳税人涉及的99个事项（相关政策文件截至2021年9月30日）。为深入贯彻落实党中央、国务院关于稳外贸稳外资工作决策部署，便利纳税人及时了解相关税收政策措施，国家税务总局对现行有效的稳外贸稳外资税收支持政策和征管服务举措进行了梳理，编写形成了新版《稳外贸稳外资税收政策指引》，于2024年1月发布。该政策指引共包括51项内容，分为稳外贸政策和稳外资政策

两大领域。稳外贸领域包括出口货物劳务税收政策、跨境应税行为增值税政策、外贸新业态税收政策、出口退（免）税服务便利化举措。稳外资领域包括鼓励外商投资税收政策、吸引境外人士税收政策、支持金融市场对外开放税收政策。

第二节　企业"走出去"的发展现状①

一、对外直接投资发展现状

2002年12月，对外贸易经济合作部（简称"外经贸部"，现为商务部）、国家统计局共同制定了《对外直接投资统计制度》（外经贸合发〔2002〕549号），2003年第一次对社会公众发布我国非金融类对外直接投资统计公报，之后经过不断地修订、完善，目前施行的是商务部、国家统计局、国家外汇管理局对2016年12月印发的《对外直接投资统计制度》（商合函〔2016〕987号）进行修订和补充后发布的于2019年1月1日起执行的《对外直接投资统计制度》。由商务部网站上历年发布的统计公报，可以看出我国对外直接投资发展的状况如下。

（一）对外投资规模

根据商务部、国家外汇管理局的统计，2023年，中国全行业对外直接投资10418.5亿元，比2022年（下同）增长5.7%（以美元计为1478.5亿美元，增长0.9%）。其中，中国境内投资者共对全球155个国家和地区的7913家境外企业进行了非金融类直接投资，累计投资9169.9亿元，增长16.7%（以美元计为1301.3亿美元，增长11.4%）。截至2022年底，中国2.9万家境内投资者在国（境）外共设立对外直接投资企业4.66万家，分布在全球190个国家（地区），年末境外企业资产总额8.4万亿美元，对外直接投资累计净额27548.1亿美元。

联合国贸易和发展会议《2023年世界投资报告》显示，2022年全球对外直接投资流量1.5万亿美元，年末存量39.9万亿美元，以此为基数计算，2022年中国对外直接投资分别占全球当年流量、存量的10.9%和6.9%，流量列全球国家（地区）排名的第2位，存量列第3位。

建立《对外直接投资统计制度》以来，中国对外直接投资规模统计如表2–4所示。

---

① 资料来源："走出去"公共服务平台（http://fec.mofcom.gov.cn/article/tjsj/tjgb/）。

表 2–4　中国对外直接投资规模统计

年份	流量			存量	
	金额 / 亿美元	全球位次	比上年增长	金额 / 亿美元	全球位次
2002	27.0	26	—	299.0	25
2003	28.5	21	5.6%	332.0	25
2004	55.0	20	93.0%	448.0	27
2005	122.6	17	122.9%	572.0	24
2006	211.6	13	72.6%	906.3	23
2007	265.1	17	25.3%	1179.1	22
2008	559.1	12	110.9%	1839.7	18
2009	565.3	5	1.1%	2457.5	16
2010	688.1	5	21.7%	3172.1	17
2011	746.5	6	8.5%	4247.8	13
2012	878.0	3	17.6%	5319.4	13
2013	1078.4	3	22.8%	6604.8	11
2014	1231.2	3	14.2%	8826.4	8
2015	1456.7	2	18.3%	10978.6	8
2016	1961.5	2	34.7%	13573.9	6
2017	1582.9	3	–19.3%	18090.4	2

续表

年份	流量			存量	
	金额 / 亿美元	全球位次	比上年增长	金额 / 亿美元	全球位次
2018	1430.4	2	–9.6%	19822.7	3
2019	1369.1	2	–4.3%	21988.8	3
2020	1537.1	1	12.3%	25806.6	3
2021	1788.2	2	16.3%	27851.5	3
2022	1631.2	2	–8.8%	27548.1	3

依据表 2–4，可以看出 2002—2022 年中国对外直接投资历年流量情况，如图 2–1 所示。

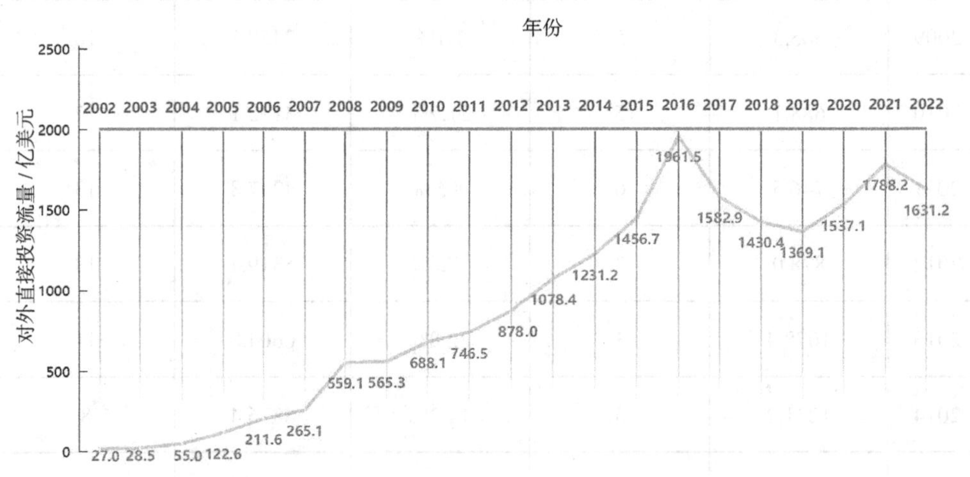

图 2–1　2002—2022 年中国对外直接投资历年流量情况

另外，依据《2022 年度中国对外直接投资统计公报》，2010—2022 年中国对外直接投资流量占全球份额情况如图 2–2 所示。

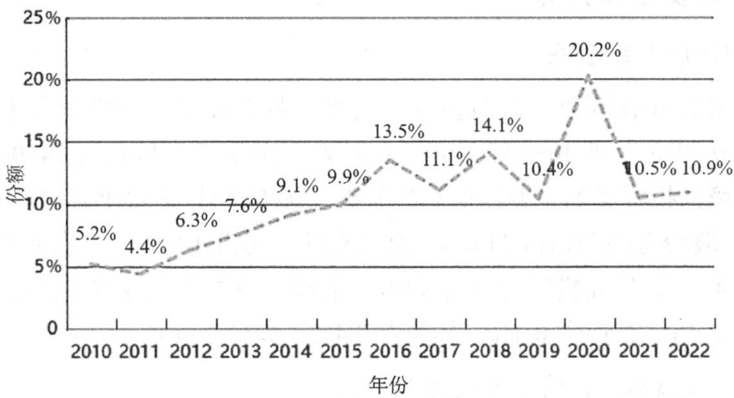

图 2–2　2010—2022 年中国对外直接投资流量占全球份额情况

从存量数据来看，2022 年中国对外直接投资存量规模为 27548.1 亿美元（图 2–3），排名从 2002 年的第 25 位攀升至第 3 位。

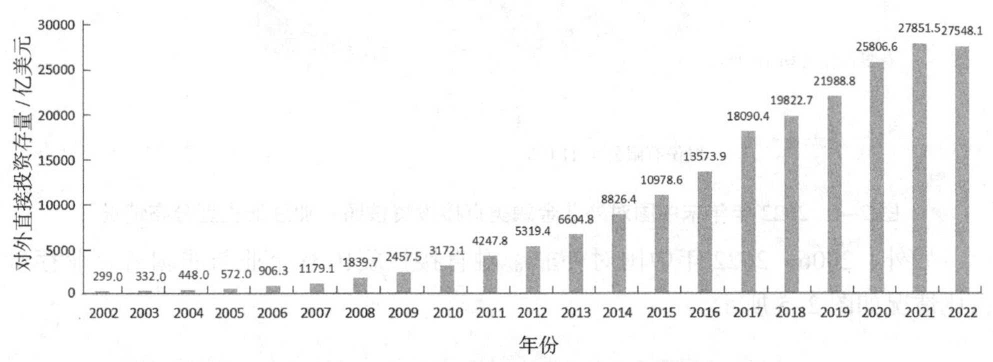

图 2–3　2002—2022 年中国对外直接投资存量情况

2022 年，境外企业向投资所在国家（地区）缴纳各种税金总额 750 亿美元，增长 35.1%；年末境外企业从业员工总数 410.8 万人，其中雇佣外方员工 249.3 万人，增加 9.9 万人，占 60.7%。

自 2003 年发布年度对外直接投资统计数据以来，中国已连续 11 年位列全球对外直接投资流量前三，对世界经济的贡献日益凸显。2022 年流量是 2002 年的 60 倍，年均增长速度高达 22.8%。党的十八大以来，中国累计对外直接投资达 1.51 万亿美元，相当于存量规模的 54.9%，连续 7 年占全球份额超过 10%，在投资所在国家（地区）累计缴纳各种税金 4432 亿美元，年均解决 200 万个就业岗位，中国对外投资在全球外国直接投资中的影响力不断扩大。

（二）投资主体分布

1. 按照注册类型分布

《2022 年度中国对外直接投资统计公报》数据显示，2022 年年末，中国对外金融类直接投资存量 3039 亿美元；在对外非金融类直接投资 24509.1 亿美元存量中，按境内投资者的企业注册类型分类，国有企业占 52.4%，非国有企业占 47.6%，其中股份有限公司占 11.0%，有限责任公司占 10.2%，私营企业占 6.8%，个体经营占 4.7%，外商投资企业占 3.0%，港澳台商投资企业占 1.7%，股份合作企业占 0.4%，集体企业占 0.4%，其他占 9.4%，如图 2–4 所示。

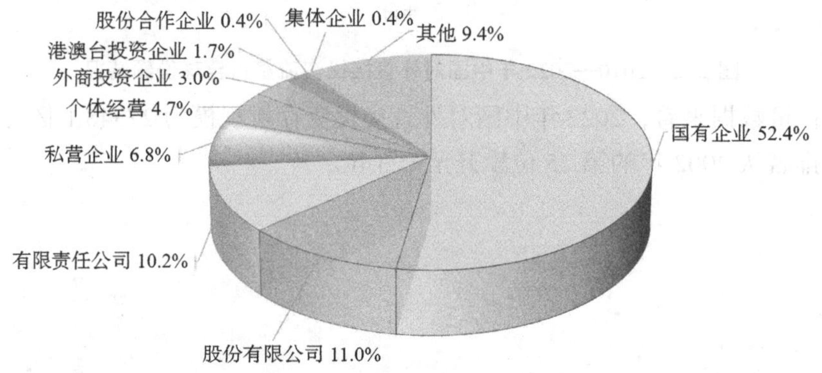

图 2–4　2022 年年末中国对外非金融类直接投资按照企业注册类型分布情况

另外，2006—2022 年中国对外非金融直接投资国有企业与非国有企业存量占比情况如图 2–5 所示。

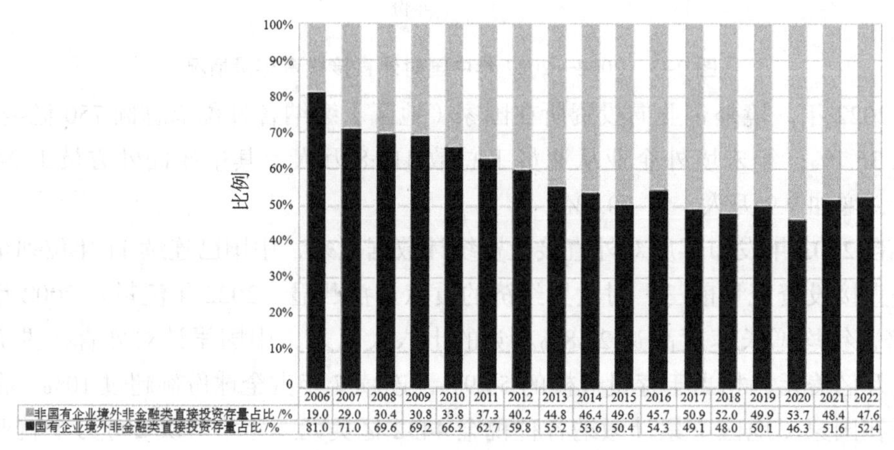

	2006	2007	2008	2009	2010	2011	2012	2013	2014	2015	2016	2017	2018	2019	2020	2021	2022
非国有企业境外非金融类直接投资存量占比 /%	19.0	29.0	30.4	30.8	33.8	37.3	40.2	44.8	46.4	49.6	45.7	50.9	52.0	49.9	53.7	48.4	47.6
国有企业境外非金融类直接投资存量占比 /%	81.0	71.0	69.6	69.2	66.2	62.7	59.8	55.2	53.6	50.4	54.3	49.1	48.0	50.1	46.3	51.6	52.4

图 2–5　2006—2022 年年末中国对外非金融直接投资国有企业与非国有企业存量占比情况

从图 2–5 可以看出，非国有企业在境外投资中所占比重从 2006 年的 19% 攀升至 2022 年的 47.6%。近年来，非国有企业积极响应国家号召，主动拓展海外市场，注重技术创新、品牌创新和管理创新，通过提升核心竞争力来拓展海外市场，不仅为中国经济发展注入了新的活力，也为世界经济增长做出了积极贡献。

2. 按照企业所在省市分布

2022 年年末，地方企业对外非金融类直接投资存量达到 9328.8 亿美元，占全国非金融类存量的 38.1%。其中，东部地区 7616.4 亿美元，占 81.64%；西部地区 778.9 亿美元，占 8.35%；中部地区 741 亿美元，占 7.94%；东北三省 192.5 亿美元，占 2.06%。2022 年年末对外直接投资存量位居前十的省市如表 2–5 所示。

表 2–5　2022 年年末对外直接投资存量位居前十的省市

序号	省市	存量 / 亿美元
1	广东	1799.9
2	上海	1627.4
3	浙江	1028.1
4	北京	1015.4
5	山东	699.2
6	江苏	636.2
7	天津	261.0
8	福建	258.1
9	安徽	198.6
10	河南	184.2
合计（占地方存量的 82.6%）		7708.1

2022年，中央企业和单位对外非金融类直接投资流量549.5亿美元，占非金融类流量的39%，比2021年下降14.5%；地方企业860.5亿美元，下降1.9%，占61%，较2021年提升3.3%。

3. 按照投资行业分布

2022年年末，中国对外直接投资覆盖了国民经济所有行业类别，存量规模上千亿美元的行业有6个，存量合计为23558.5亿美元，占中国对外直接投资存量的85.5%。6个行业及占比分别为：租赁和商务服务业10737.4亿美元，占中国对外直接投资存量的39.0%；批发和零售业3615.9亿美元，占13.1%；金融业3039.0亿美元，占11.0%；制造业2680.0亿美元，占9.7%；采矿业2101.3亿美元，占7.6%；信息传输/软件和信息技术服务业1384.9亿美元，占5.0%。2022年年末中国对外直接投资存量行业分布见图2–6。

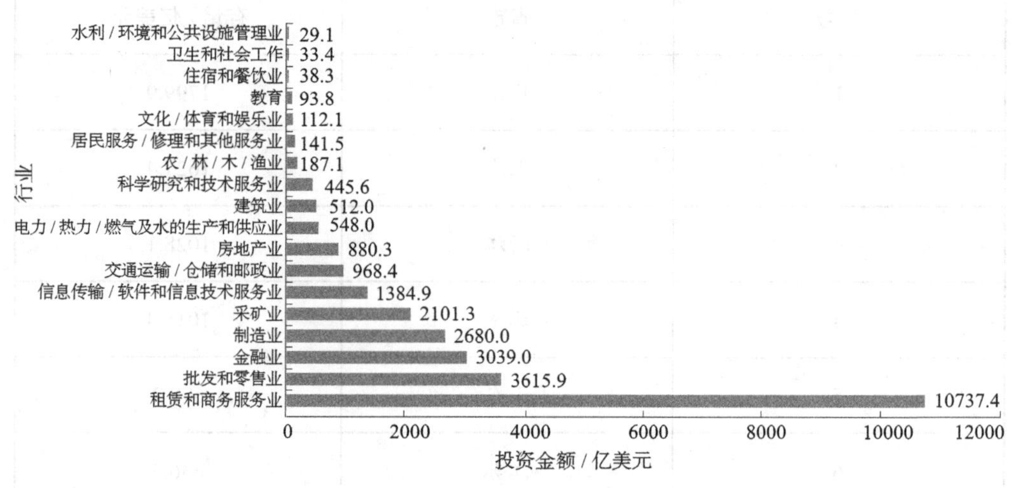

图2–6 2022年年末中国对外直接投资存量行业分布

另外，根据《2022年度中国对外直接投资统计公报》，2022年年末中国对各洲直接投资存量前五位的行业情况如下：亚洲前五位的行业依次是租赁和商务服务业、批发和零售业、金融业、制造业、采矿业，直接投资存量合计为15170.7亿美元，占比合计为82.8%；非洲前五位的行业依次是建筑业、采矿业、制造业、金融业、租赁和商务服务业，存量合计为349.6亿美元，占比合计为85.5%；欧洲前五位的行业依次是制造业、金融业、采矿业、租赁和商务服务业、房地产业，存量合计为1120.0亿美元，占比合计为79.4%；拉丁美洲前五位的行业依次是租赁和商务服务业、信息传输/软件和信息技术服务业、批发和零售业、制造业、金融业，存量合计为 5116.6 亿美元，占比合计为 85.8%；北美洲前五位的行业依次是制造业、采矿业、金融业、租赁和商务服务业、批发和零售业，存量合计为 833.1 亿美元，占比合计为 80.5%；大洋洲前五位的行业依次是采矿业、租赁和商务服务业、金融业、房地产业、制造业，存量合计为 343.1 亿美元，占比合计为 83%。可以看出，中国对各洲直接投资的行业高度集中。

4. 按照投资区域分布

2022 年年末，中国对外直接投资存量分布在全球的 190 个国家（地区），占全球国家（地区）总数的 81.5%。2022 年年末，中国在亚洲的投资存量为 18318.6 亿美元，占 66.5%，中国香港占亚洲存量的 86.7%；中国在拉丁美洲的投资存量为 5961.5 亿美元，占 21.6%，其中英属维尔京群岛和开曼群岛合计存量为 5787.9 亿美元，占对拉丁美洲地区投资存量的 97.1%；中国在欧洲的投资存量为 1410.7 亿美元，占 5.1%；中国在北美洲的投资存量为 1034.9 亿美元，占 3.8%，主要分布在美国和加拿大；中国在大洋洲的投资存量为 413.4 亿美元，占 1.5%；中国在非洲的投资存量为 409.0 亿美元，占 1.5%（图 2–7）。

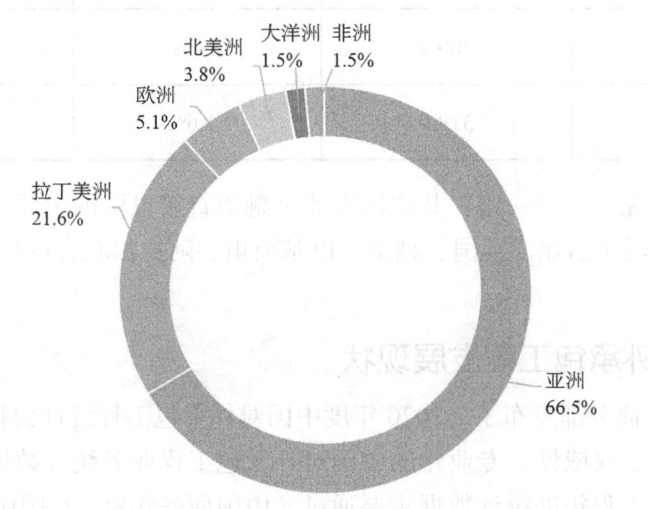

图 2–7　2022 年年末中国对外直接投资存量投资区域分布情况

5. 对“一带一路”沿线国家投资情况

2015—2023 年中国企业在“一带一路”共建国家非金融类直接投资的情况如表 2–6 所示。

表 2–6 2015—2023 年中国企业在“一带一路”共建国家非金融类直接投资情况统计

年份	非金融类直接投资额 / 亿美元	增长率	占同期总额比例
2015	148.2	18.2%	—
2016	145.3	–2.0%	8.5%
2017	143.6	–1.2%	12%
2018	156.4	8.9%	13%
2019	150.4	–3.8%	13.6%
2020	177.9	18.3%	16.2%
2021	203.0	14.1%	17.9%
2022	209.7	3.3%	17.9%
2023	318.0	51.6%	—

中国企业在“一带一路”共建国家非金融类直接投资的主要投向是新加坡、印度尼西亚、马来西亚、泰国、越南、巴基斯坦、阿拉伯联合酋长国、柬埔寨等国家。

二、对外承包工程发展现状

2021 年，商务部发布了《2020 年度中国对外承包工程统计公报》，首次向社会发布系统性、权威性、专业化的中国对外承包工程业务统计数据。在此之前，中国对外承包工程年度统计数据主要通过《中国商务年鉴》《中国统计年鉴》以及商务部网站等发布。本书关于中国对外承包工程发展现状部分的数据主要参考了《2020 年度中国对外承包工程统计公报》以及商务部网站发布的 2021—2023 年中国对外承包工程业务统计数据等信息。

（一）规模情况

中国对外承包工程业务起步于 20 世纪 70 年代后期。1978 年 11 月，经中共中央、国务院批准，中国成立了第一家对外承包工程企业——中国建筑工程公司（1982 年 6 月更名为中国建筑工程总公司，2017 年完成改制并更名为中国建筑集团有限公司），1979 年中国公路桥梁工程公司（现中国路桥工程有限责任公司）和中国土木工程公司（现中国土木工程集团有限公司）相继组建，此外还有专门从事国际经济合作的中国成套设备出口公司（现中国成套设备进出口集团有限公司），4 家国有企业以“守约、保质、薄利、重义”为经营原则，率先开展了中国对外承包工程业务。1979 年，上述 4 家企业签订了 24 项对外承包工程合同，总金额 0.33 亿美元，由此揭开了中国对外承包工程业务的发展序幕。1991 年，经批准从事对外承包工程业务的 91 家中国企业在全球 108 个国家（地区）签订对外承包工程合同 1171 份，总金额 25.24 亿美元；当年完成营业额 19.70 亿美元，年末在外承包工程人员 2.2 万人。该阶段，只有经过政府业务主管部门批准获得对外承包工程经营权的企业才能开展对外承包工程业务。中国企业按照国际通行做法承揽工程项目，并按照东道国法律规定进行建设。从项目分布地区看，初步形成了以亚洲、非洲为主要市场的格局；从项目类别看，住房、办公楼、厂房、公路、桥梁、水坝等土木建筑工程居多。对外承包工程业务的开展，为国家赚取了宝贵的外汇，带动了国内货物的出口，企业学习了外国先进技术和管理经验，提升了国内建筑业水平。

1992 年，邓小平南方谈话后，中国改革开放进入提速期。对外承包工程企业进一步解放思想，加快改革开放步伐，不失时机地调整经营布局，逐步走向实业化、集团化、国际化经营之路。1992 年底，具有对外承包工程经营权的企业数量增至 211 家；新签对外承包工程合同 1164 份，合同额 52.51 亿美元，同比增长 108%；完成营业额 24.03 亿美元，同比增长 22%。

2000 年，党的十五届五中全会正式提出实施“走出去”的开放战略，为中国对外承包工程业务的发展提供了战略层面的支撑。同年，《国务院办公厅转发外经贸部等部门关于大力发展对外承包工程意见的通知》（国办发〔2000〕32 号）印发，明确发展对外承包工程是贯彻落实“走出去”战略的重要举措。2001 年，中国加入世界贸易组织也为企业更好地融入世界经济、提升国际化经营能力和水平创造了条件。2003 年，具有对外承包工程经营权的企业数量超过 1500 家，当年对外新签合同额、完成营业额分别为 176.7 亿美元、138.4 亿美元，是 1992 年的 3.4 倍和 5.8 倍，年均增速分别为 11.8% 和 17.3%%，2003 年新签上亿美元的对外承包工程项目达到 18 个。2003 年，入围美国《工程新闻纪录》全球最大 225 家国际承包商的中国企业数量由 1992 年的 5 家增至 43 家。2003 年，中国对外承包工程业务涉及国别（地区）拓展至159个，较1992年增加48个。同时，中国企业在普通房建、交通运输、水利电力等领域的专业优势和国际竞争力日益增强，对外承包工程管理服务体系日渐完善。为推动"走出去"战略的实施，相关部门下发了《对外承包工程保函风险专项资金管理暂行办法》《关于对外承包工程项目项下出口设备材料的工作规程》《关于对外承包工程质量安全问题处理的有关规定》等文件，形成了较为完整的政策、服务和监管体系，为中国对外承包工程业务步入快速发展阶段打下坚实基础。

2004年，中国对外承包工程新签合同额首次突破200亿美元大关，此后直至2017年，对外承包工程业务发展步入快速增长期。2008年7月21日，温家宝签署中华人民共和国国务院令第527号，《对外承包工程管理条例》于2008年9月1日起实施，对外承包工程业务正式被纳入法制化管理轨道。商务部等部门积极完善配套措施，陆续出台《对外承包工程项目投标（议标）许可暂行办法》《对外承包工程违法违规行为行政处罚规定》《对外承包工程行业社会责任指引》等文件，中国对外承包工程的监督管理体系、政策支持体系和服务保障体系日益完善，为该项业务快速健康发展提供了政策保障。2008—2017年，非洲地区成为中国对外承包工程第二大市场，平均占比达到34%，与亚洲（占比48%）共同成为对外承包工程业务最集中的地区。2017年，中国企业新签对外承包工程合同22774份，合同额2652.76亿美元，是2004年的11倍，达到历史峰值；完成营业额1685.87亿美元，是2004年的9.7倍。该阶段中国对外承包工程大项目持续增多，承包方式不断创新。2017年，中国企业在"一带一路"沿线的61个国家新签承包工程项目合同7217份，合计金额1443.2亿美元，占当年新签合同额的54.4%，完成营业额855.3亿美元，占完成营业额的50.7%。2013—2017年，对外承包工程累计带动国内货物出口近800亿美元，累计派出工程项下劳务人员147.3万人，中国对外承包工程业务超过80%为基础设施类建设项目，年均为东道国提供超过70万个就业岗位，为当地和社会经济发展做出了积极贡献。

2018年，世界经济增速为3.6%，较2017年下降0.3%。全球货物贸易增速放缓，外国直接投资连续3年下降，新签合同额自1993年以来首次出现负增长，营业额增速创该时期最低。同时，随着共建"一带一路"向高质量发展方向不断推进，对外承包工程业务面临发展方式创新、业务转型升级等重大挑战。为此，2019年，商务部、外交部等19部门印发了《关于促进对外承包工程高质量发展的指导意见》。2019年，中国企业在177个国家和地区签订对外承包工程合同11932份，合同额2602.45亿美元，较2018年增长7.6%，完成营业额1729.01亿美元，同比增长 2.3%。

1979—2003 年中国对外承包工程历年新签合同额、完成营业额统计见表 2–7。

表 2–7　1979—2023 年中国对外承包工程历年新签合同额、完成营业额统计

年份	新签合同额 / 亿美元	完成营业额 / 亿美元	年份	新签合同额 / 亿美元	完成营业额 / 亿美元
1979	0.33	—	1995	76.65	52.41
1980	1.40	—	1996	79.93	59.85
1981	2.76	1.23	1997	88.07	62.18
1982	3.46	1.89	1998	93.83	78.58
1983	7.99	3.16	1999	103.70	86.12
1984	15.38	4.94	2000	119.52	85.13
1985	11.16	6.63	2001	131.27	89.62
1986	11.89	8.19	2002	151.37	112.80
1987	16.48	10.73	2003	178.40	139.22
1988	18.13	12.53	2004	241.95	176.15
1989	17.81	14.84	2005	299.68	219.90
1990	21.25	16.44	2006	664.16	303.21
1991	25.24	19.70	2007	786.32	411.26
1992	52.51	24.03	2008	1054.51	570.59
1993	51.89	36.69	2009	1262.10	777.06
1994	60.28	48.83	2010	1343.67	921.70

续表

年份	新签合同额 / 亿美元	完成营业额 / 亿美元	年份	新签合同额 / 亿美元	完成营业额 / 亿美元
2011	1423.32	1034.24	2018	2418.04	1690.44
2012	1565.29	1165.97	2019	2602.45	1729.01
2013	1716.29	1371.43	2020	2555.36	1559.35
2014	1917.56	1424.11	2021	2584.9	1549.4
2015	2100.74	1540.74	2022	2530.7	1549.9
2016	2440.10	1594.17	2023	2645.1	1609.1
2017	2652.76	1685.87			

（二）各洲分布情况

根据《2020 年度中国对外承包工程统计公报》，2008—2020 年，中国对外承包工程新签合同额分洲统计如表 2–8 所示，分洲情况见图 2–8。

表 2–8　2008—2020 年中国对外承包工程新签合同额分洲统计

单位：万美元

年份	亚洲	非洲	欧洲	拉丁美洲	北美洲	大洋洲
2008	5317510	3943217	549951	361039	93355	279979
2009	6217001	4361402	446255	1308873	139992	147438
2010	7109011	3834435	586541	1581374	105151	220184
2011	6968899	4576706	718509	1667191	132608	169316
2012	6522119	6404698	866458	1465699	180626	213322

续表

年份	亚洲	非洲	欧洲	拉丁美洲	北美洲	大洋洲
2013	7091496	6783905	1142307	1832214	107456	205568
2014	8421786	7548656	1030342	1646821	328964	199071
2015	8974539	7624783	1222254	1816313	571024	798518
2016	12266711	8206343	1011988	1912400	435005	568562
2017	14366594	7650376	1721542	1585882	361245	841960
2018	11935123	7843057	1432993	1822734	289786	856752
2019	14112792	5592753	3230692	1987218	276215	824872
2020	14297668	6790041	2088434	1483811	113322	780285

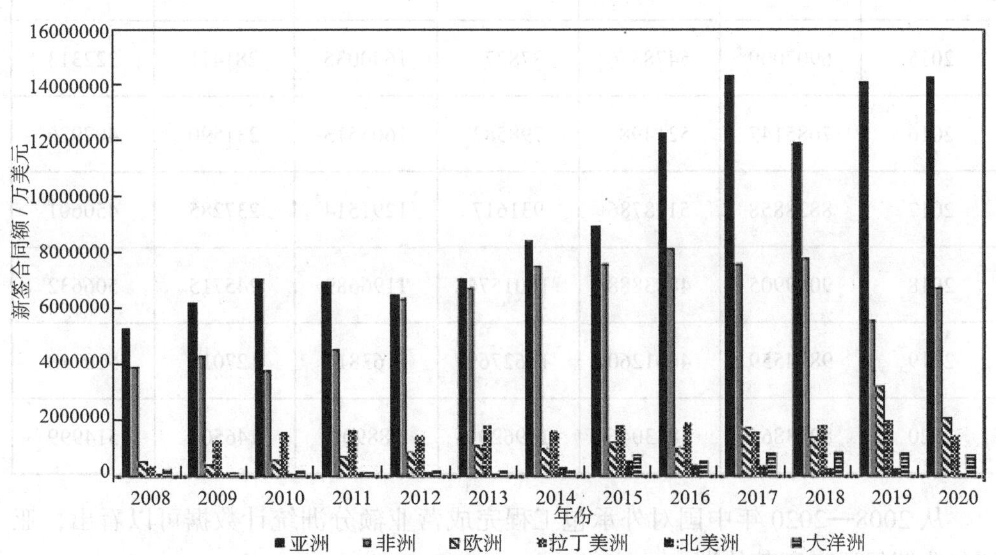

图 2–8　2008—2020 年中国对外承包工程新签合同额分洲情况

从中国对外承包工程新签合同额可以看出，亚洲和非洲明显高于其他洲。

2008—2020 年中国对外承包工程完成营业额分洲统计如表 2–9 所示。

表 2–9 2008—2020 年中国对外承包工程完成营业额分洲统计

单位：万美元

年份	亚洲	非洲	欧洲	拉丁美洲	北美洲	大洋洲
2008	2919885	1985460	332728	300962	59232	107672
2009	3984657	2809899	317464	364418	93595	200578
2010	4265955	3583027	498723	627449	88832	153039
2011	5104053	3612187	460042	791669	142232	232265
2012	5430838	4083452	706182	1131631	100694	206900
2013	6440684	4789064	822737	1330942	125919	204927
2014	6483978	5297475	715057	1318059	201736	224761
2015	6907009	5478376	878279	1640035	281411	222313
2016	7685147	5214981	798582	1603513	231590	407936
2017	8828858	5118786	931617	1291514	237285	450601
2018	9069905	4883888	1001574	1196689	245715	506632
2019	9814559	4601260	1062769	1163818	127013	520718
2020	8913866	3833046	1396201	788900	146504	514999

从 2008—2020 年中国对外承包工程完成营业额分洲统计数据可以看出，亚洲与非洲仍远高于其他洲。

2018—2020 年中国对外承包工程完成营业额分洲情况见图 2–9。

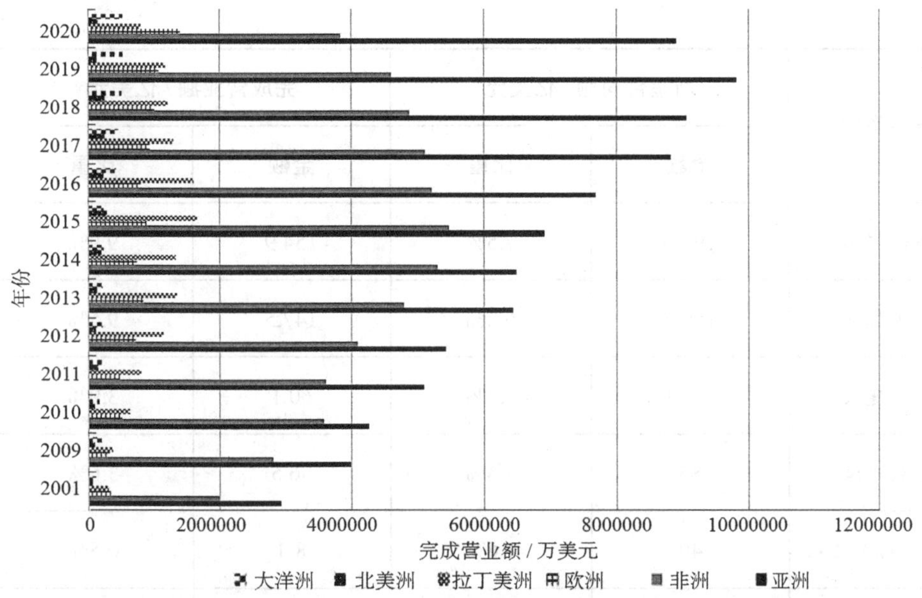

图 2-9　2008—2020 年中国对外承包工程完成营业额分洲情况

（三）行业分布情况

2020 年，中国对外承包工程业务行业分布广泛，其中交通运输建设、一般建筑、电力工程、石油化工等领域继续保持优势。

从表 2-10 可以看出，一般建筑、交通运输建设和电力工程建设行业的新签合同额比重与完成营业额比重均较大。

表 2-10　2020 年中国对外承包工程业务分布的主要行业

行业类别	新签合同额 / 亿美元		完成营业额 / 亿美元	
	金额	比重	金额	比重
一般建筑	640.1	25.0%	297.4	19.1%
交通运输建设	633.3	24.8%	403.1	25.8%
电力工程建设	507.3	19.9%	306.4	19.6%

续表

行业类别	新签合同额 / 亿美元		完成营业额 / 亿美元	
	金额	比重	金额	比重
石油化工	190.8	7.5%	154.9	9.9%
通信工程建设	159.7	6.2%	147.5	9.5%
工业建设	139.1	5.4%	60.1	3.9%
水利建设	85	3.3%	56.5	3.6%
废水（物）处理	40	1.6%	8.4	0.5%
制造加工设施建设	32	1.3%	25.9	1.7%
其他	128.1	5.0%	99.2	6.4%
合计	2555.4	100.0%	1559.4	100.0%

2013—2020 年中国对外承包工程企业在“一带一路”共建国家按完成营业额分行业统计情况如表 2–11 所示。

表 2–11　2013—2020 年中国对外承包工程企业在“一带一路”共建国家按完成营业额分行业统计情况

单位：亿美元

行业名称	2013 年	2014 年	2015 年	2016 年	2017 年	2018 年	2019 年	2020 年
一般建筑	242.1	253.9	258.0	253.6	260.5	253.5	286.9	224.5
工业建设	43.4	70.3	67.5	60.7	76.1	82.1	71.5	55.4
制造加工设施建设	33.2	26.7	24.1	26.5	31.3	29.2	30.0	17.1

续表

行业名称	2013 年	2014 年	2015 年	2016 年	2017 年	2018 年	2019 年	2020 年
水利建设	50.6	54.9	54.6	55.0	53.7	62.2	55.0	49.3
废水（物）处理	3.0	6.4	6.8	5.3	3.6	5.1	4.7	5.4
交通运输建设	223.0	297.3	310.9	309.1	385.2	386.0	399.1	326.9
危险品处理	0.2	0.6	0.3	0.5	0.2	0.2	0.04	0.02
电力工程建设	209.7	249.0	250.4	245.3	253.0	262.7	298.6	282.3
石油化工	148.9	140.2	142.7	218.9	153.2	147.2	145.9	141.4
通信工程建设	151.5	74.6	124.3	111.2	108.3	96.3	98.1	103.8
其他	45.1	59.2	61.0	75.1	76.6	79.0	66.9	76.2

中国对外承包工程企业在"一带一路"共建国家完成营业额位居前列的行业仍然是一般建筑、交通运输建设和电力工程建设。

（四）省市分布情况

2020 年，在京中央企业新签对外承包合同 2127 份，新签合同额 1354.4 亿美元，同比增长 22.6%，占当年新签合同额的 53.0%；完成营业额 597.6 亿美元，同比下降 7%，占当年完成营业额的 38.3%。地方企业（含在地方的中央企业）新签对外承包工程合同 7806 份，新签合同额 1201.0 亿美元，同比下降 19.8%，占 47.0%；完成营业额 961.8 亿美元，同比下降 11.5%，占 61.7%。其中，东部地区合计新签对外承包工程合同 5760 份，累计合同额 651.5 亿美元，同比下降 23.4%，占地方的 54.2%；完成营业额 608.3 亿美元，同比下降 8.9%，占地方的 63.2%。中部地区合计新签对外承包工程合同 1280 份，累计合同额 359.1 亿美元，同比增长 18%，占地方的 30%；完成营业额 198.7 亿美元，同比下降 13.8%，占地方的 20.7%。西部地区合计新签对外承包工程合同 570 份，累计合同额 147.0 亿美元，同比下降 47.3%，占地方的 12.2%；完成营业额 126.2 亿美元，同比下降 17.7%，占地方的 13.1%。东北三省合计新签对外承包工程合同 196 份，累计合同额 43.4 亿美元，同比下降 31.9%，占地方的 3.6%；完成营业额 28.6 亿美元，同比下降 19.4%，占地方的 3.0%。广东新签合同额 187.3 亿美元，位列地方之首，湖北和山东分列第二位、第三位；完成营业额前十位的省市分别是广东、上海、山东、浙江、湖北、江苏、天津、四川、江西和北京。

（五）在"一带一路"共建国家承包工程方面

依据商务部发布的统计数据，2015—2023 年中国企业在"一带一路"共建国家承包工程情况如表 2–12 所示。

表 2–12　2015—2023 年中国企业在"一带一路"共建国家承包工程情况

年份	新签承包工程合同数 / 份	新签承包工程合同额 / 亿美元	占同期中国对外总承包工程新签合同总额的比例	完成营业额 / 亿美元	占同期中国对外承包工程完成营业额的比例
2015	3987	926.4	44.1%	692.6	45.0%
2016	8158	1260.3	51.6%	759.7	47.7%
2017	7217	1443.2	54.4%	855.3	50.7%
2018	7721	1257.8	52.0%	893.3	52.8%
2019	6944	1548.9	59.5%	979.8	56.7%
2020	5611	1414.6	55.4%	911.2	58.4%
2021	6257	1340.4	51.9%	896.8	57.9%
2022	5514	1296.2	51.2%	849.4	54.8%
2023	—	2271.6	85.9%	1320.5	82.1%

通过表 2–12 可以看出，中国企业在"一带一路"共建国家新签承包工程合同额占同期中国对外承包工程新签合同额的比例、完成营业额占同期中国对外承包工程营业额的比例大多超过 50%。

三、对外提供劳务发展现状

（一）总体情况

劳务人员是指根据《对外劳务合作管理条例》由对外劳务合作企业组织赴其他国家或者地区为国外的企业或者机构工作的人员。为了规范外派劳务人员管理，我国相继出台了《外派劳务培训管理办法》《商务部关于加强境外劳务人员安全保障工作的通知》《对外劳务合作经营资格管理办法》等系列政策法规。为了规范对外劳务合作，保障劳务人员赴其他国家或者地区为国外的企业或者机构工作的经营性活动，我国于 2012 年颁布了《对外劳务合作管理条例》，共 6 章 53 条，内容涵盖总则、从事对外劳务合作的企业与劳务人员、与对外劳务合作有关的合同、政府的服务和管理等。2019 年，商务部印发了《对外承包工程业务统计调查制度》和《对外劳务合作业务统计调查制度》。商务部网站定期发布对外劳务合作业务简明统计，因发布数据指标不同，现进行分阶段统计，见表 2–13 和表 2–14。

表 2–13　2011—2023 年派出劳务人员统计

单位：万人

年份	承办工程派出人数	劳务合作派出人数	年末在外各类劳务人员人数
2011	24.3	20.9	81.2
2012	23.3	27.8	85.0
2013	27.1	25.6	85.3
2014	26.9	29.3	100.6
2015	25.3	27.7	102.7
2016	23.0	26.4	96.9
2017	22.2	30.0	97.9
2018	22.7	26.5	99.7

续表

年份	承办工程派出人数	劳务合作派出人数	年末在外各类劳务人员人数
2019	21.1	27.6	99.2
2020	13.9	16.2	62.3
2021	13.3	19.0	59.2
2022	5.0	17.9	54.3
2023	11.1	23.6	54.1

表 2-14　2003—2010 年对外劳务合作情况统计

年份	营业额 / 亿美元		合同额 / 亿美元		派出各类劳务人员数量 / 万人		年末在外各类劳务人员数量 / 万人
	当年	累计	当年	累计	当年	累计	
2003	33.09	—	30.87	—	21.0	—	52.5
2004	37.5	308.2	35.0	361.1	24.8	319.3	53.5
2005	48.0	356.2	42.5	403.6	27.4	346.7	56.5
2006	53.7	404.1	52.3	455.9	35.1	381.7	67.5
2007	58.3	468.3	57.5	513.5	32.6	414.6	75.3
2008	80.6	548.6	75.6	588.6	42.7	457.7	74.0
2009	89.1	648.1	74.7	673.7	39.5	501.5	77.8
2010	89.0	737.0	87.2	761.2	41.1	543.0	84.7

注：根据商务部发布的统计数据，2007 年只能查到 1～11 月的数据

（二）对外劳务合作企业分布

根据商务部网站 2024 年 1 月底公布的各地商务主管部门批准的对外劳务合作企业名单，各个省区市对外劳务合作企业数量见表 2–15。

表 2–15　各个省区市对外劳务合作企业数量

单位：家

省区市	企业数量	省区市	企业数量	省区市	企业数量
北京	67	江苏	118	广东	16
天津	5（其中，2 家经营异常）	浙江	14	广西	4
河北	20	安徽	36	海南	2
山西	10	福建	34	重庆	12
内蒙古	1	江西	17	贵州	1
辽宁	117	山东	137	四川	32
吉林	25	河南	45	云南	13
黑龙江	14	湖北	30	西藏	0
上海	18	湖南	27	陕西	13
甘肃	14	青海	3	宁夏	2
新疆	2				

从对外劳务合作企业数量看，位列前五的省市为山东、辽宁、江苏、北京、河南。

（三）对外劳务合作主要地区

商务部与中国对外承包工程商会自 2017 年起联合发布《中国对外劳务合

作发展报告》，"走出去"公共服务平台发布了2017—2018年、2018—2019年、2019—2020年报告，根据报告内容，中国对外劳务合作地区主要在亚洲和非洲，2019年对外劳务合作期末在外劳务人员中，71.7%在亚洲，18.4%在非洲。2019年年末，在外劳务人员数量位列前五的国家和地区是日本（14.5%）、中国澳门（13.7%）、新加坡（9.9%）、中国香港（6.4%）、阿尔及利亚（4.3%）。

（四）对外劳务合作行业分布

中国在外劳务人员主要分布在建筑业、制造业和交通运输业。2019年，在这三大行业的在外各类劳务人员的合计人数为71.89万人，占全部在外劳务人员总数的72.5%，其中，建筑业在外42.55万人，占比42.9%；制造业在外15.85万人，占比16.0%；交通运输业在外13.49万人，占比13.6%。

第三节　企业"走出去"面临的问题与助力举措

一、中国企业"走出去"的整体态势

自"走出去"战略提出以来，经过20余年的发展，中国在对外投资、对外承包工程、对外劳务合作等方面均取得了快速的发展，这一战略的实施对于国家改革开放、促进外贸行业发展、优化产业结构等均具有重要意义，同时，有助于中国企业拓展国际市场、提升竞争力、引进先进技术和管理经验，还能促进企业的发展壮大。另外，这些企业在海外市场的不断深耕，不仅为中国经济的发展注入了新的活力，也为世界经济的发展做出了积极的贡献。

（一）中国企业"走出去"的步伐不断加快

以华为、中兴、阿里巴巴等为代表的一批优秀企业，在海外市场不断拓展业务，实现了从"跟跑者"到"领跑者"的转变。这些企业在海外市场取得了令人瞩目的成绩，不仅带动了中国的出口业务，还为当地经济的发展注入了新的动力。

（二）中国企业"走出去"的质量不断提高

"走出去"企业在拓展海外市场的过程中，不仅注重量的增长，也注重质的提升。它们通过引进先进技术、提高产品质量、加强品牌建设等措施，不断提升自身的核心竞争力，赢得了海外市场的信任和认可。

（三）中国企业“走出去”的影响不断扩大

“走出去”企业在海外市场的成功实践，不仅为中国企业“走出去”提供了宝贵的经验和借鉴，也为世界经济的发展注入了新的动力。它们的成功实践，不仅展示了中国企业的实力和魅力，也为中国在国际舞台上赢得了更多的尊重和认可。

二、中国企业“走出去”面临的主要问题

随着经济全球化的加速和中国经济的快速发展，越来越多的中国企业开始将目光投向海外市场，寻求更广阔的发展空间。然而，在“走出去”的过程中，中国企业也面临着一系列问题，这些问题不仅涉及企业管理、市场营销等方面，还涉及政策、法律、文化等多个领域。中国贸促会开展的一项调查研究结果显示，约 70% 企业的海外销售、资产、员工占比不高，企业国际化程度及对外投资水平有较大提升空间，在东道国投资及生产经营过程中面临合规、投资回报率下降等问题①。

（一）企业管理和国际化经验不足

早在 19 世纪末至 20 世纪初，发达国家企业利用自身的资本和技术优势，通过海外贸易和殖民扩张获取海外市场和资源。这一时期的典型代表是英国和美国的跨国公司。它们通过海外投资和贸易，逐渐在全球范围内建立了自己的势力范围。20 世纪 50 年代至 60 年代，随着世界经济的复苏和国际贸易体系的建立，发达国家企业的“走出去”战略逐渐由贸易和殖民扩张向直接投资和跨国经营转变。发达国家企业开始通过直接投资、设立海外分公司等方式进入国际市场。同时，政府也通过政策支持和资金扶持鼓励企业开展国际化经营。随着全球经济一体化的加速和科技革命的推动，发达国家企业加大海外投资力度，通过跨国并购、设立研发中心等方式进一步拓展国际市场。同时，发达国家政府也通过签订双边和多边贸易协定、提供税收优惠等措施，为企业“走出去”提供有力支持。进入 21 世纪以来，发达国家企业的“走出去”战略更加注重可持续发展和风险管理。同时，面对全球经济形势的复杂多变和国际贸易保护主义的抬头，这些企业也更加注重风险管理和多元化布局，以降低经营风险和提高竞争力。

与西方发达国家相比，中国企业“走出去”起步较晚，在国际化进程中，普遍缺乏国际化管理和运营经验。这导致企业在海外市场的拓展过程中难以适应不

① 中国贸促会研究院. 蓬勃发展的中国企业对外投资［J］. 中国外资，2023（7）：16–19.

同国家、不同文化背景下的市场环境和管理要求。此外，中国企业在海外市场也面临着人才短缺的问题，缺乏具备国际化视野和专业技能的人才。

（二）政策和法律风险

中国企业在拓展海外市场的过程中，需要遵守不同国家和地区的政策和法律法规。然而，由于不同国家和地区的法律体系、政策环境等存在较大差异，中国企业在海外市场往往会面临政策和法律风险。这不仅可能给企业带来经济损失，还可能影响企业的声誉和长期发展。企业在拓展海外市场时，需要遵守目标国家的贸易政策，这些政策可能包括关税、进口限制、出口管制等。一旦企业违反这些政策，就会面临罚款、被没收货物等后果。因此，企业在“走出去”之前，需要深入了解目标国家的贸易政策，确保自己的业务符合相关规定。另外，企业在海外经营时，需要遵守目标国家的法律法规，包括劳动、税务、环保、知识产权等多个方面。如果企业不了解或忽视这些法律法规，就可能引发法律纠纷和诉讼。调查显示，超50%企业对外投资遇到过合规问题。企业在东道国投资及生产经营过程中，遭遇的前5类合规问题依次是市场准入限制（58.0%）、国家安全审查（38.0%）、贸易管制（36.0%）、劳动权利保护（34.0%）、外汇管制（32.0%）[①]。除此之外，企业在海外经营时，还需要考虑目标国家的政治稳定性。政治动荡、战争、政变等事件会对企业的经营造成严重影响，政局不稳是企业遇到的最主要的非商业性困难。因此，企业在选择目标市场时，需要综合考虑政治稳定性等因素，以降低政治风险。

（三）文化差异和语言障碍

文化差异是企业在不同国家和地区经营时必须面对的问题。由于不同国家和地区的文化、习惯、价值观等存在较大差异，企业需要在这些方面做出相应的调整，以适应当地的市场环境。例如，一些国家可能更加注重个人自由和隐私，而另一些国家则可能更加注重集体主义和权威。如果企业没有充分考虑到这些文化差异，就可能在当地市场上遭遇失败。语言障碍则是企业在国际化过程中需要克服的另外一个问题。由于不同国家和地区的语言不同，企业需要在语言上进行相应的翻译和本地化工作，以确保与当地受众的沟通顺畅。然而，语言翻译并不仅仅是文字的转换，还涉及语境、文化背景、习惯用语等多个方面的考虑。如果企业没有做好语言本地化工作，就会导致沟通不畅，甚至引发误解和冲突。

---

① 中国贸促会研究院. 蓬勃发展的中国企业对外投资［J］. 中国外资，2023（7）：16-19.

（四）竞争压力和市场份额问题

企业在“走出去”的过程中必须面对激烈的国际竞争。与国内市场相比，国际市场的竞争环境更为复杂多变，企业需要具备更强的竞争力和创新能力。同时，国际竞争对手往往拥有更为强大的品牌影响力和市场份额，这使得新进入市场的企业在拓展业务时面临巨大的挑战。另外，市场份额问题也是企业“走出去”的障碍之一。在国际市场中，企业往往需要通过大量的市场投入和品牌建设来获取市场份额。然而，由于文化差异、消费习惯等，企业在不同市场的市场份额获取难度不尽相同。同时，随着市场竞争的加剧，获取和保持市场份额的难度也在不断增加。中国企业在拓展海外市场的过程中，需要面对来自当地企业和其他国际竞争对手的压力。由于中国企业在海外市场的品牌知名度和市场占有率相对较低，往往需要在激烈的市场竞争中不断提升自身的竞争力。

三、助力企业“走出去”的主要措施

企业在“走出去”的过程中，面临着来自企业自身、体制机制、东道国等方面的诸多问题。因此，政府也要采取措施助力企业“走出去”。企业在“走出去”的过程中，需要充分认识到面临的问题和挑战，加强国际化管理和运营经验的积累，提高自身的竞争力和适应能力。同时，政府和社会各界也可以为中国企业提供更多的支持和帮助，共同推动中国企业的国际化进程。

（一）企业层面

1. 实施风险控制

企业“走出去”要谨慎，要有风险意识，能够有效识别、化解并转移相关风险。企业可从以下方面开展风险管控。

第一，汇率风险管理。外汇风险是企业“走出去”面临的最基本的系统风险，企业要熟悉国家现行的外汇管理主要法规，建立行之有效的汇率风险管理机制，制定外汇风险管理战略。企业要加强内部监管力度，建立汇率风险预警机制。

第二，法律风险防范。企业要重点关注东道国在知识产权、劳动用工、数据安全等方面的规定，确保企业合法、合规经营，合理规避相关风险。在投标报价与合同签署阶段，企业要充分了解国际标准和东道国相关法律。

第三，政治风险防范。“走出去”企业要充分考虑拟投资东道国的营商环境，选择政治稳定、法制健全、社会安定的市场。

第四，财税风险防范。“走出去”企业要熟悉东道国的财税法规，搭建完善的财税管理体系，合理利用税收协定，加强与税务机关的沟通与协调，建立完善的风险防控机制。

2. 加强企业的海外传播

首先，“走出去”企业需要了解海外市场的文化背景和消费习惯，这是制定适合当地市场营销策略的前提。同时，企业还需要注重建立与当地社会的联系，积极参与当地的社会活动，为当地社会做出贡献，以此提升企业在当地的影响力。其次，“走出去”企业需要注重海外传播的内容和形式。传播内容应该与当地市场需求和文化背景相符合，具有吸引力和可信度。同时，企业还需要选择合适的传播渠道，如社交媒体、广告宣传、公关活动等，以确保传播效果的最大化。最后，“走出去”企业需要不断完善自身的品牌形象和声誉。在海外市场上，企业的品牌形象和声誉是吸引客户和合作伙伴的重要因素。因此，企业需要注重自身的产品和服务质量，以及社会责任和可持续发展等方面，树立良好的品牌形象和声誉。

3. 建设一支国际化的人才队伍

“走出去”企业在拓展海外市场时，需要面对不同国家和地区的文化差异、消费习惯、市场需求等诸多因素。建立一支国际化的人才队伍，能够使企业更好地适应这些多样性，也能为企业制定更为精准的市场战略和产品定位提供有力支持。国际化的人才队伍往往具备丰富的跨文化交流经验和国际化视野，能够帮助企业在国际市场上更好地进行品牌传播和产品推广。同时，他们还能够为企业引入国际先进的管理理念和技术手段，提升企业的整体竞争力。“走出去”企业在拓展海外市场时，不可避免地会面临诸多风险和挑战，如政治风险、汇率风险、法律风险等。具备国际化、专业化素质的人才队伍，能够帮助企业更好地识别和应对这些风险和挑战，为企业保驾护航。建立一支国际化、专业化的人才队伍，还能够为企业带来长期的发展动力。这些人才不仅能够为企业创造眼前的价值，还能够为企业培养更多的国际化人才，为企业的可持续发展奠定坚实的基础。

（二）国家制度保障方面

国家制度保障包括财政、税收、金融等多方面的支持，可以为企业提供政策支持和法律保障，鼓励企业“走出去”，降低企业海外拓展的成本和风险。同时，国家制度保障还可以通过签订国际条约、加强国际合作等方式，为企业提供更加稳定和公平的国际营商环境。在法律保障方面，国家制度可以通过制定和完善相关法律法规，为企业提供更加明确和可靠的法律支持。在海外投资、贸易、知识产权保护等方面，国家制度保障可以为企业提供更加有效的维权手段和风险控制措施，保障企业的合法权益和海外利益。除此之外，通过建立海外风险预警和应对机制，为企业提供及时和有效的风险管理和应对措施。在海外突发事件、政治风险、安全风险等方面，国家制度保障可以为企业提供更加全面和专业的风险预警和应对服务，保障企业的海外安全和运营稳定。

（三）东道国层面

为了克服文化差异和语言障碍带来的阻力，企业需要采取一系列措施。

1. 深入了解东道国市场

“走出去”企业需要对东道国市场进行深入了解，包括市场规模、市场需求、消费者偏好、竞争状况等方面。通过对市场的了解，企业可以更好地把握市场机遇，避免盲目跟风，制定更加精准的营销策略。

2. 遵守东道国法律法规

企业在“走出去”的过程中，必须遵守东道国的法律法规，尊重当地的文化习惯。只有在合法、合规的前提下，企业才能够获得当地政府和社会的认可，为企业的长期发展奠定坚实的基础。

3. 加强本土化运营

本土化运营是“走出去”企业必须面对的问题。企业需要根据当地市场的特点，制定适合当地的运营策略，包括产品定位、销售渠道、品牌传播等。通过本土化运营，企业可以更好地融入当地市场，提升品牌的认知度和美誉度。

4. 积极参与当地社会事务

“走出去”企业不仅要关注自身的经济利益，还要积极参与当地社会事务，为当地社会做出贡献。通过参与社会事务，企业可以树立良好的企业形象，增强与当地社会的互动和沟通，为企业的长期发展营造良好的社会环境。

第三章　企业"走出去"的国际税收环境

第一节　国际税收制度沿革及我国参与的国际税收治理工作

一、国际税收制度沿革

国际税收制度的形成与发展是随着国际贸易和国际投资的扩大而逐渐演进的。在这一进程中，各国政府逐渐认识到税收在国际经济交往中的重要性，并开始建立和调整国际税收制度以适应经济全球化的趋势。国际税收制度诞生于20世纪20年代至30年代。人们通常所说的国际税收，是指在开放的经济条件下因纳税人的经济活动扩大到境外，以及国与国之间税收法规存在差异或相互冲突而带来的一些税收问题和税收现象[①]。

（一）早期的国际税收制度

19世纪末至20世纪初，国际税收主要关注的是跨国公司的税收问题。随着跨国公司的兴起，各国政府开始关注跨国公司的税收管辖权问题，以及如何避免双重征税等问题。在这一阶段，国际税收制度主要关注跨国公司的所得税问题，并试图通过双边税收协定来协调各国之间的税收利益。为了协调各国之间的税收关系，避免双重征税和促进国际经济合作，一些国家开始签订双边税收协定，标志着国际税收制度的初步形成。这些协定主要规定了跨国公司的税收管辖权、避免双重征税的方法以及税收征管等方面的内容。税收协定的签订，为国际税收制度的发展奠定了基础。

① 中国国际税收研究会. 中国开放型经济税收发展研究报告（2020—2021年度）：国际税收基本规则演变研究［M］. 北京：中国税务出版社，2022.

自 1921 年起，国际联盟开始积极应对国际税收领域的重要问题，其中最为突出的便是国际税收管辖权和重复征税问题。为了解决这些问题，国际联盟成立了理论专家组和技术专家组，从理论和实践两个角度展开深入研究。理论专家组负责探讨国际税收管辖权的基本原则和规则，以及各国在税收领域的主权和权利。他们深入研究了国际税收法律框架的基本构成，分析了各国税收制度的异同，为国际社会提供了宝贵的参考和借鉴。技术专家组则更加注重实践层面的研究，他们致力于探索如何有效地避免和消除重复征税的问题。通过技术手段和创新方法，技术专家组提出了一系列切实可行的解决方案，为国际税收合作和协调提供了重要的支持和帮助。在国际联盟的努力下，国际税收领域取得了显著的进展和成就。各国之间的税收合作力度得以加强，税收制度日益完善和规范。这为全球经济的稳定和发展提供了坚实的保障和支持。

1923 年 4 月，国际税收领域迎来了一份具有划时代意义的报告，即《关于重复征税问题的报告》，该报告由以美国经济学家塞利格曼（Seligman）为首的专家组精心编制而成，包括双重征税的经济后果、税收管辖权基本原则、防止双重征税的技术解决方案等内容。该报告不仅深入探讨了国际税收的理论基础，还针对当时的国际税收实践进行了全面分析，提出按照“经济联系”原则划分税收管辖权。对于双重征税问题，该报告提出了全额扣税法、全额免税法、税收分享法、划分所得法四种方案，并推荐采取全额免税法，即通过实施完全的居民管辖权来解决。

1928 年，国际联盟在《避免所得双重征税公约草案》《避免遗产税双重征税公约草案》《税收征管互助公约草案》《税款征收司法协助公约草案》的基础上，形成了《避免直接税双重征税双边协定范本》等四个范本。范本的主要内容包括：避免双重征税，范本明确了各国在征税时应遵循的原则，以避免对同一纳税人就同一税源进行重复征税；税收协定适用范围，范本规定了税收协定的适用范围，明确了哪些税种和纳税人可以享受协定待遇，有助于各国在签订税收协定时明确各自的权利和义务；消除税收歧视，范本强调了各国在征税时应遵循无差别待遇原则，避免对特定国家或地区的纳税人实行歧视性税收政策，有助于维护国际税收公平和正义；税收情报交换，范本规定了各国在税收情报交换方面的义务和权利，加强了各国在税收领域的合作与沟通，有助于打击跨国逃税和避税行为，维护国际税收秩序。1928 年国际联盟形成的国际税收协定范本为全球最早的税收协议范本，它们为各国在签订税收协定时提供了参考和依据，有助于消除双重征税、消除税收歧视、加强税收情报交换等。同时，这些范本也为跨国企业和个人提供了更加清晰和明确的税收指引，有助于跨国企业和个人更好地了解和遵守国际税收规则，对于其后制定的税收协定范本具有重要的意义。

1928 年国际联盟财税委员会成立后，指定美国律师卡罗尔（Carroll）就所得分配问题开展专门研究。1933 年，卡罗尔提交了题为《外国企业与国内企业税收》的报告，其中将跨国所得分配方法分为独立核算法、实证比较法和比例分配法，并在按照独立核算法进行分配的应用上，提出了基于“独立交易原则”的代理服务标准和独立销售标准。独立交易原则也称为独立核算原则，是指在国际贸易和税收领域，外国企业和国内企业在税收上应当被视为独立的交易方。这意味着，当外国企业在国内进行经济活动时，它们与国内企业之间的交易应当按照公平的市场价格进行，而不是基于某种特殊的关系或安排。该原则的核心在于确保税收的公平性和中性。要求外国企业和国内企业在交易中遵循独立核算原则可以防止税收歧视或优惠，确保各国企业在平等的竞争环境下进行经营。

目前国际上最重要、最具影响力的两个国际税收协定范本有两个，其中一个是 OECD 的《关于对所得和财产避免双重征税的协定范本》，即 OECD 协定范本。1963 年，OECD 的 24 个成员国制定了这一协定草案，于 1977 年发表，草案由五部分构成：第一部分是协定适用的人和税种的范围，第二部是协定用语的定义，第三部分是对所得和财产征税权的划分，第四部分是避免双重征税的方法，第五部分是税务行政管理特别规定和协定生效与终止的程序规定。该范本旨在避免国与国之间的重复课税、消除税收差别待遇及通过各国税务部门的情报互换来防止国与国之间的偷税和漏税等问题。目前最新版本是 2010 年范本。

另外一个是联合国的《关于发达国家与发展中国家间避免双重征税的协定范本》，即 UN 协定范本，产生于 20 世纪 60 年代以后。由于发展中国家认为 OECD 协定范本更倾向保护发达国家利益，联合国组织了一个专家小组来起草发达国家与发展中国家之间的税收协定范本，于 1968 年 12 月通过了该协定范本，1980 年正式发布范本，作为联合国用于协调发达国家与发展中国家税务关系的正式参考文件。

UN 协定范本与 OECD 协定范本是两个国际组织为了协调和指导各国签订双边税收协定或多边税收协定而制定并颁布的示范性文本。各国在签订协定的活动中，不仅参照两个税收协定范本的结构和内容来缔结各自的税收协定，而且在协定大多数税收规范上都遵循两个协定范本所提出的一些基本原则和要求。

（二）现代国际税收制度的演变

伴随着经济全球化的发展，税基侵蚀和利润转移（base erosion and profit shifting，BEPS）愈演愈烈，也就是跨国经营企业利用不同税收管辖区的税制差异和规则错配进行税收筹划的策略，其目的是人为造成应税利润“消失”或将利润转移到没有或几乎没有实质性经营活动的低税负国家（地区），从而不交或少交企业所得税。鉴于BEPS会扭曲竞争、导致资源配置的低效率、影响公平等，2012年6月，二十国集团（G20）财长和央行行长会议同意通过国际合作应对BEPS问题，并委托OECD开展研究。2013年6月，OECD发布《税基侵蚀和利润转移行动计划》，并于当年9月在G20圣彼得堡峰会上得到各国领导人背书。BEPS项目是G20框架下各国携手打击国际逃避税，共同建立有利于全球经济增长的国际税收规则体系和行政工作机制的重要举措。OECD于2014年9月发布了BEPS项目首批7项产出成果，于2015年10月发布了项目全部15项成果，遵循“税收要与实质经济活动和价值创造相匹配”的原则。BEPS行动计划包括5大类共15项，BEPS行动计划和项目成果如表3-1所示。

表3-1　BEPS行动计划和项目成果列表

类别	行动计划	项目成果
应对数字经济带来的挑战	数字经济	《关于数字经济面临的税收挑战的报告》
协调各国企业所得税制	混合错配、受控外国公司规划、利息扣除、有害税收实践	《消除混合错配安排的影响》《制定有效的受控外国公司规则》《对利用利息扣除和其他款项支付实现的税基侵蚀予以限制》《考虑透明度和实质性因素有效打击有害税收实践》
重塑现行税收协定和转让定价国际规则	税收协定滥用、常设机构、无形资产、风险和资本、其他高风险交易	《防止税收协定优惠的不当授予》《防止人为规避构成常设机构》《确保转让定价结果与价值创造相匹配》
提高税收透明度和确定性	数据统计分析、强制披露规则、转让定价同期资料、争端解决	《衡量和监控BEPS》《强制披露规则》《转让定价文档与国别报告》《使争议解决机制更有效》
开发多边工具促进行动计划实施	多边工具	《开发用于修订双边税收协定的多边工具》

为高效落实与税收协定相关的BEPS行动计划成果建议，并一揽子修订现行双边税收协定，2017年6月，包括中国在内的67个国家（地区）共同签署了《实

施税收协定相关措施以防止税基侵蚀和利润转移的多边公约》，该公约实现了税收协定历史上规模最大、范围最广的一次多边合作与协调，标志着 G20 国际税改取得重大成果。截至 2022 年 6 月 30 日，已有 97 个国家（地区）签署了该公约。

2019 年 5 月，OECD 发布了《工作计划：制定应对经济数字化带来的税收挑战的共识解决方案》，提出了应对数字经济的整合方案，提出了"两大支柱"。支柱一突破了税收协定以常设机构为分配营业利润征税权依据的传统，将对大型跨国公司全球利润的征税权部分分配给市场国，以实现经济数字化背景下国际税收权益分配格局的再平衡。支柱二建立了全球最低税机制，确保跨国公司在相关辖区承担的税负不低于一定水平，旨在抑制跨国公司利用各国税制差异进行逃避税的动机，为近年来愈演愈烈的税收"逐底竞争"划定底线[①]。

（三）未来展望

随着全球经济的持续发展和数字化时代的到来，国际税收制度面临着新的挑战和机遇。一方面，数字经济、跨境电子商务等新兴业态对传统税收制度提出了新的要求；另一方面，全球范围内对税收公平、透明和可持续性的呼声日益高涨。

未来，国际税收制度需要继续完善和创新，以适应全球经济发展的新趋势和新需求。各国政府需要加强沟通与合作，共同构建更加公平、透明、高效的国际税收体系，为全球经济的可持续发展提供有力支撑。

在这个过程中，教育工作者也将发挥重要作用。他们通过培养具备国际视野和专业知识的新一代税收人才，可以为国际税收制度的完善和发展提供源源不断的人才支持。

二、我国参与的国际税收治理工作

我国将成为国际税收治理的重要力量。10 年来，我国紧紧抓住国际税收规则新一轮重塑的重大机遇，深度参与国际税收治理，逐渐从国际税收规则制定的跟跑者转变为并跑者乃至领跑者。2013 年，我国积极参与 G20 和 OECD 所推动的 BEPS 项目，向 OECD 提交了千余条专业意见，为该项目成果的落地贡献了中国智慧。在 2021 年应对经济数字化税收挑战"双支柱"方案多边共识的形成过程中，我国财税部门始终坚持多边主义，积极通过多边协商解决全球性税收问题，有力地维护了我国的税收利益。此外，在过去 10 年中，我国还积极参与 OECD 和联合国税收协定范本以及转让定价指南（手册）的修订工作，为国际税收规则

① 孙红梅，梁若莲. 全球税收发展十年回顾与展望［J］. 国际税收，2023（2）：28-35.

的制定提供了中国方案。作为税收透明度和情报交换全球论坛的成员之一，我国还稳步推进《多边税收征管互助公约》和《金融账户涉税信息自动交换标准》的实施。依托OECD—中国国家税务总局多边税务中心和“一带一路”税收征管能力促进联盟，我国持续加大对发展中国家的技术援助，不断提升发展中国家的税收征管能力和国际话语权。

第二节　我国关于境外所得税收抵免的法律体系

一、我国企业境外所得抵免制度的一般规定

围绕消除重复征税以及维护国家税收管辖权，我国采用的是抵免法，具体规定主要体现在《中华人民共和国企业所得税法》（简称《企业所得税法》）、《中华人民共和国企业所得税法实施条例》（简称《企业所得税法实施条例》）、《财政部　国家税务总局关于企业境外所得税收抵免有关问题的通知》（简称《通知》）、《企业境外所得税收抵免操作指南》，以及《财政部　税务总局关于完善企业境外所得税收抵免政策问题的通知》等规范性文件。《企业所得税法》第二十三条、第二十四条对于境外所得抵免予以规范，并通过《企业所得税法实施条例》《企业境外所得税收抵免操作指南》等文件予以解释、细化。

（一）《企业所得税法》第二十三条的相关规定

企业取得的下列所得已在境外缴纳的所得税税额，可以从其当期应纳税额中抵免，抵免限额为该项所得依照《企业所得税法》规定计算的应纳税额；超过抵免限额的部分，可以在以后五个年度内，用每年度抵免限额抵免当年应抵税额后的余额进行抵补：居民企业来源于中国境外的应税所得；非居民企业在中国境内设立机构、场所，取得发生在中国境外但与该机构、场所有实际联系的应税所得。

可以适用境外所得税税收抵免的纳税人包括中国居民企业和非居民企业在中国境内设立的机构、场所。中国居民企业可以就其取得的境外所得直接缴纳和间接负担的境外企业所得税性质的税额进行抵免。非居民企业在中国境内设立的机构（场所）可以就其取得的发生在境外、但与其有实际联系的所得直接缴纳的境外企业所得税性质的税额进行抵免。

可抵免的境外所得税税额，是指企业来源于中国境外的所得依照中国境外税收法律以及相关规定应当缴纳并已经实际缴纳的企业所得税性质的税款。

可抵免的境外所得税税额的基本条件为：一是企业来源于中国境外的所得依照中国境外税收法律以及相关规定计算而缴纳的税额。二是缴纳的属于企业所得税性质的税额，而不拘泥于名称。在不同的国家，对于企业所得税的称呼有着不同的表述，如法人所得税、公司所得税等。判定是否属于企业所得税性质的税额，主要看其是不是针对企业净所得征收的税额。三是限于企业应当缴纳且已实际缴纳的税额。税收抵免旨在解决重复征税问题，仅限于企业应当缴纳且已实际缴纳的税额（除另有饶让抵免或其他规定外）。四是可抵免的企业所得税税额，若是税收协定非适用所得税项目，或来自非协定国家的所得，无法判定是否属于对企业征收的所得税税额的，应层报国家税务总局裁定。

但不包括以下几项。

①按照境外所得税法律及相关规定属于错缴或错征的境外所得税税款，即属于境外所得税法律及相关规定适用错误而且企业不应缴纳而错缴的税额，企业应向境外税务机关申请予以退还，而不应作为境外已交税额向中国申请抵免企业所得税。

②按照税收协定规定不应征收的境外所得税税款，即根据中国政府与其他国家（地区）政府签订的税收协定（或安排）的规定不属于对方国家的应税项目，却被对方国家（地区）就其征收的企业所得税，对此，企业应向征税国家申请退还不应征收的税额。该项税额还应包括，企业就境外所得在来源国纳税时适用税率高于税收协定限定税率所多缴纳的所得税税额。

③因少缴或迟缴境外所得税而追加的利息、滞纳金或罚款。

④境外所得税纳税人或者其利害关系人从境外征税主体得到实际返还或补偿的境外所得税税款，即如果有关国家为了实现特定目标而规定不同形式和程度的税收优惠，并采取征收后由政府予以返还或补偿方式退还的已缴税额，对此，企业应从其境外所得可抵免税额中剔除该相应部分。

⑤按照《企业所得税法》及《企业所得税法实施条例》规定，已经免征中国企业所得税的境外所得负担的境外所得税税款。也就是如果中国税收法律法规做出对某项境外所得给予免税优惠规定，企业取得免征中国企业所得税的境外所得的，该项所得的应纳税所得额及其缴纳的境外所得税额均应从计算境外所得税额抵免的境外应纳税所得额和境外已纳税额中减除。

⑥按照国务院财政、税务主管部门有关规定已经从企业境外应纳税所得额中扣除的境外所得税税款。如果中国税法规定就一项境外所得的已纳所得税额仅作为费用从该项境外所得额中扣除的，就该项所得及其缴纳的境外所得税额不应再

纳入境外税额抵免计算。

抵免限额是指企业来源于中国境外的所得，依照《企业所得税法》和《企业所得税法实施条例》的规定计算的应纳税额。除国务院财政、税务主管部门另有规定外，该抵免限额应当分国（地区）不分项计算，计算公式如下：抵免限额＝中国境内、境外所得依照《企业所得税法》和《企业所得税法实施条例》的规定计算的应纳税总额 × 来源于某国（地区）的应纳税所得额 ÷ 中国境内、境外应纳税所得总额。

在计算实际应抵免的境外已缴纳和间接负担的所得税税额时，企业在境外一国（地区）当年缴纳和间接负担的符合规定的所得税税额低于所计算的该国（地区）抵免限额的，应以该项税额作为境外所得税抵免额从企业应纳税总额中据实抵免；超过抵免限额的，当年应以抵免限额作为境外所得税抵免额进行抵免，超过抵免限额的余额允许从次年起在连续 5 个纳税年度内，用每年度抵免限额抵免当年应抵税额后的余额进行抵补。

实际联系是指据以取得所得的权利、财产或服务活动由非居民企业在中国境内的分支机构拥有、控制或实施，如外国银行在中国境内分行以其可支配的资金向中国境外贷款，境外借款人就该笔贷款向其支付的利息，即属于发生在境外与该分行有实际联系的所得。

（二）《企业所得税法》第二十四条的相关规定

居民企业从其直接或者间接控制的外国企业分得的来源于中国境外的股息、红利等权益性投资收益，外国企业在境外实际缴纳的所得税税额中属于该项所得负担的部分，可以作为该居民企业的可抵免境外所得税税额，在《企业所得税法》第二十三条规定的抵免限额内抵免。

直接控制是指居民企业直接持有外国企业 20% 以上股份。间接控制是指居民企业以间接持股方式持有外国企业 20% 以上股份。

居民企业在按照《企业所得税法》第二十四条规定用境外所得间接负担的税额进行税收抵免时，其取得的境外投资收益实际间接负担的税额，是指根据直接或者间接持股方式合计持股 20% 以上（含 20%）的规定层级的外国企业股份，由此应分得的股息、红利等权益性投资收益中，从最低一层外国企业起逐层计算的属于由上一层企业负担的税额，其计算公式如下：本层企业所纳税额属于由一家上一层企业负担的税额 =（本层企业就利润和投资收益所实际缴纳的税额 + 符合《通知》规定的由本层企业间接负担的税额）× 本层企业向一家上一层企业分配的股息（红利）÷ 本层企业所得税后利润额。

公式中，本层企业是指实际分配股息（红利）的境外被投资企业；本层企业就利润和投资收益所实际缴纳的税额是指，本层企业按所在国税法就利润缴纳的企业所得税和在被投资方所在国就分得的股息等权益性投资收益被源泉扣缴的预提所得税；符合《通知》规定的由本层企业间接负担的税额是指该层企业由于从下一层企业分回股息（红利）而间接负担的由下一层企业就其利润缴纳的企业所得税税额；本层企业向一家上一层企业分配的股息（红利）是指该层企业向上一层企业实际分配的扣缴预提所得税前的股息（红利）数额；本层企业所得税后利润额是指该层企业实现的利润总额减去就其利润实际缴纳的企业所得税后的余额。

由居民企业直接或者间接持有 20% 以上股份的外国企业，限于符合以下持股方式的三层外国企业：第一层，单一居民企业直接持有 20% 以上股份的外国企业；第二层，单一第一层外国企业直接持有 20% 以上股份，且由单一居民企业直接持有或通过一个或多个符合《通知》第六条规定持股条件的外国企业间接持有总和达到 20% 以上股份的外国企业；第三层，单一第二层外国企业直接持有 20% 以上股份，且由单一居民企业直接持有或通过一个或多个符合《通知》第六条规定持股条件的外国企业间接持有总和达到 20% 以上股份的外国企业。

企业依照《企业所得税法》第二十三条、第二十四条的规定抵免企业所得税税额时，应当提供中国境外税务机关出具的税款所属年度的有关纳税凭证。

中国现行企业境外所得税收抵免制度采取分国（地区）不分项限额抵免法，以及直接抵免与间接抵免相结合的方式。

分国（地区）不分项限额抵免，即对企业来源于每一个外国国家（地区）的所得，以每个国家为单位，分别计算各个国家（地区）抵免限额，在每一个外国国家所缴的税款只能在该国的抵免限额内扣除。如前文所述，分国（地区）不分项限额抵免法在一定程度上兼顾了居民国政府和纳税人双方的经济利益。但这种方法过于烦琐，不利于企业把境外所得统一计算，对在境外多个国家进行投资的企业来说，工作量非常大，企业的遵从成本很高。另外，在分国（地区）不分项限额抵免法下，纳税人在税率高于我国税率的国家取得的所得已纳税额只能按我国税率抵免，而在税率低于我国税率的国家取得的所得要按税率差补税。这样跨国企业实际税负始终高于境内企业，因此分国（地区）不分项限额抵免在一定程度上又偏离了税收公平原则。

税收抵免的范围分为直接抵免和间接抵免。直接抵免是指企业直接作为纳税人就其境外所得在境外缴纳的所得税额在我国应纳税额中抵免。直接抵免主要适用于企业就来源于境外的营业利润所得在境外所缴纳的企业所得税，以及就来源于或发生于境外的股息、红利等权益性投资所得、利息、租金、特许权使用费、财产转让等所得在境外被源泉扣缴的预提所得税。《企业所得税法》第二十三条规定体现了直接抵免法。间接抵免是指境外企业就分配股息前的利润缴纳的外国所得税额中由我国居民企业就该项分得的股息性质的所得间接负担的部分，在我国的应纳税额中抵免。例如，我国居民企业（母公司）的境外子公司在所在国（地区）缴纳企业所得税后，将税后利润的一部分作为股息、红利分配给该母公司，子公司在境外就其应税所得实际缴纳的企业所得税税额中按母公司所得股息占全部税后利润之比的部分即属于该母公司间接负担的境外企业所得税额。间接抵免的适用范围为居民企业从其符合《通知》第五条、第六条规定的境外子公司取得的股息、红利等权益性投资收益所得。《企业所得税法》第二十四条规定是间接抵免规定的体现。

企业抵免境外所得税额后实际应纳所得税额的计算公式为：企业实际应纳所得税额 = 企业境内外所得应纳税总额 – 企业所得税减免、抵免优惠税额 – 境外所得税抵免额。

境外所得税抵免额是指按照《通知》和《企业境外所得税收抵免操作指南》计算的境外所得税额在抵免限额内实际可以抵免的税额。

二、我国境外所得税收抵免制度的完善

根据《财政部 税务总局关于完善企业境外所得税收抵免政策问题的通知》，企业可以选择按国（地区）别分别计算（即“分国〔地区〕不分项”），或者不按国（地区）别汇总计算（即“不分国〔地区〕不分项”）其来源于境外的应纳税所得额，并按照《通知》第八条规定的税率，分别计算其可抵免境外所得税税额和抵免限额。上述方式一经选择，5 年内不得改变。

企业选择采用不同于以前年度的方式（简称“新方式”）计算可抵免境外所得税税额和抵免限额时，对该企业以前年度按照《通知》规定没有抵免完的余额，可在税法规定结转的剩余年限内，按新方式计算的抵免限额中继续结转抵免。

企业在境外取得的股息所得，在按规定计算该企业境外股息所得的可抵免所得税额和抵免限额时，由该企业直接或者间接持有 20% 以上股份的外国企业，限于按照《通知》第六条规定的持股方式确定的五层外国企业，即第一层，企业直接持有 20% 以上股份的外国企业；第二层至第五层，单一上一层外国企业直

接持有20%以上股份，且由该企业直接持有或通过一个或多个符合《通知》第六条规定持股方式的外国企业间接持有总和达到20%以上股份的外国企业。

可以看出，变化主要体现在两个方面：一是扩大境外股息所得税收抵免层级，由原来的3层扩大至5层，这样的变化使企业抵免更加充分，减轻了拥有多层外国控股公司企业的税收负担。二是增加了综合抵免方式，改革后的抵免限额计算方式更加灵活，由只能采用分国（地区）抵免法改为可以选择分国（地区）抵免法或综合抵免法。研究发现，境外所得税收抵免制度改革显著提高了企业通过建立海外关联企业进行对外投资的概率。同时，这一正向影响在非国有企业对外投资以及对"一带一路"沿线国家（地区）的投资中更加明显[①]。

三、我国境外税收抵免制度的实施情况

（一）税收抵免程序复杂，操作难度较大

境外所得税收抵免政策涉及众多税法条款和规定，需要纳税人对其有深入的理解和掌握。但是，很多纳税人对税收政策的了解并不充分，容易出现理解上的偏差和误解。此外，不同国家和地区的税收政策也存在差异，需要纳税人根据不同的情况灵活应对。确定境外所得税收抵免额度是一个复杂的过程，需要考虑多个因素。首先，需要确定纳税人在境外的所得情况，包括所得来源、所得性质、所得时间等。其次，需要了解不同国家和地区的税收政策，包括税率、税收优惠政策等。最后，还需要考虑汇率变化等因素对抵免额度的影响。这些因素的不确定性使得确定抵免额度变得困难。境外税收抵免程序相对复杂，企业需要花费大量时间和精力进行申请和审批。这不仅增加了企业的成本，还可能影响企业的正常运营和发展。

（二）抵免凭证取得有难度

境外税收抵免凭证是企业或个人在境外缴纳税款后，为在我国境内申请税收抵免所必须提供的证明文件。只有取得了合法、有效的抵免凭证，才能确保税收抵免的顺利进行，避免双重征税的情况发生。不同国家和地区的税收法规和政策各不相同，导致境外所得税收抵免凭证的种类繁多。企业在收集、整理这些凭证时，需要耗费大量的时间和精力。此外，由于凭证格式、要求各不相同，企业在提交凭证时也可能因不符合规定而申请失败。

---

① 张亦然，王常静．境外税收抵免促进企业对外投资效应研究［J］．税务研究，2022（5）：98-105.

（三）国家税收协调存在难度

由于不同国家和地区的税务制度存在差异，企业在境外投资、经营过程中往往面临着信息不对称的问题。境外所得税收抵免涉及不同国家和地区的税务合作，需要纳税人与各国（地区）税务机构进行沟通和协调，了解并遵守各国（地区）税务规定，避免出现税务违规行为。对境外税收法规、政策了解不足会导致企业在缴纳税款时无法及时获取到所需的税收抵免凭证等情况出现。同时，由于信息渠道有限，企业在获取境外税务信息时也可能遇到诸多困难。因此，企业还需要与各国（地区）税务机构进行有效的沟通和协调，确保税收抵免的顺利进行。

第三节　我国税收协定的签署与实施

一、我国签订税收协定的情况

缔结双边税收协定是当今国际税收合作机制的主要组成部分。税收协定与国内法共同在避免重复征税方面发挥作用，UN 协定范本、OECD 协定范本是我国谈签税收协定的主要参考。通过国家税务总局网站，可以查询到我国签订的多边税收条约包括《多边税收征管互助公约》《金融账户涉税信息自动交换多边主管当局间协议》《实施税收协定相关措施以防止税基侵蚀和利润转移的多边公约》。截至 2023 年 12 月底，我国已与 111 个国家（地区）正式签署了避免双重征税协定。与我国最早签订避免双重征税协定的国家是日本，该协定签订于 1983 年 9 月 6 日，生效日期为 1984 年 6 月 26 日，执行日期为 1985 年 1 月 1 日。我国签署的税收协议集中在消除双重征税机制、相互协商程序和税收信息交换机制等领域。数据显示，2013 年至 2022 年，我国税务部门通过税收协定项下的相互协商机制，累计为纳税人消除国际重复征税逾 300 亿元[①]。

二、税收协定的主要内容

我们以《中华人民共和国政府和泰王国政府关于对所得避免双重征税和防止偷漏税的协定》（简称“中泰税收协定”）为例，看一下税收协定包含的主要内容，如表 3-2 所示。

---

① 经济日报．税收营商环境持续优化［EB/OL］．（2023-10-16）［2024-05-30］．https://www.chinatax.gov.cn/chinatax/n810219/n810780/c5215241/content.html.

表 3-2 中泰税收协定内容框架

条款	内容	条款	内容	条款	内容
第一条	人的范围	第十一条	利息	第二十一条	教授、教师和研究人员
第二条	税种范围	第十二条	特许权使用费	第二十二条	未明确提及的所得
第三条	一般定义	第十三条	财产转让收益	第二十三条	消除双重征税
第四条	居民	第十四条	独立个人劳务	第二十四条	无差别待遇
第五条	常设机构	第十五条	非独立个人劳务	第二十五条	相互协商程序
第六条	不动产所得	第十六条	董事费	第二十六条	情报交换
第七条	营业利润	第十七条	艺术家和运动员	第二十七条	外交人员和领事官员
第八条	海运和空运	第十八条	退休金	第二十八条	生效
第九条	联属企业	第十九条	政府服务	第二十九条	终止
第十条	股息	第二十条	学生和实习人员	—	—

（一）消除双重征税机制

关于适用的税种，中泰税收协定在泰国适用于所得税和石油所得税，在中国适用于个人所得税、中外合资经营企业所得税、外国企业所得税、地方所得税，同时，对转让动产或不动产的收益征收的税收以及对资本增值征收的税收，应视为对所得征收的税收。

消除双重征税方法，按照中泰税收协定第二十三条"消除双重征税"，在泰国方面，有关从中国取得的所得应缴纳的中国税收，应允许在该项所得应缴纳的泰国税收中抵免。但是该项抵免不应超过对该项所得给予抵免前所计算的相应的泰国税收数额。在中国方面，有关从泰国取得的所得应缴纳的泰国税收，应允许在该项所得应缴纳的中国税收中抵免。如果该项所得是泰国居民公司支付给中国居民公司的股息，该中国居民公司拥有支付股息公司股份不少于 10% 的，该项抵免应考虑支付该股息公司就该项所得缴纳的泰国税收。但是该项抵免不应超过对该项所得给予抵免前所计算的相应的中国税收数额。

（二）相互协商程序

相互协商程序是缔约辖区税务主管当局在税收协定框架内，共同协调涉税事项和处理跨境涉税争议的机制。中泰税收协定第二十五条内容为“相互协商程序”，主要内容如下。

①当缔约国一方居民认为，缔约国一方或缔约国双方采取的措施，导致或将导致对其不符合中泰税收协定规定的征税时，可以不考虑各缔约国国内法律的补救办法将案情提交本人为其居民的缔约国主管当局。但该项案情应在不符合协定规定的征税措施第一次通知之日起，三年内提出。

②上述主管当局如果认为所提意见合理，又不能单方面圆满解决时，应设法同缔约国另一方主管当局通过协议解决，以避免不符合协定的征税。

③缔约国双方主管当局应通过协议设法解决在解释或实施中泰税收协定时所发生的困难或疑义，也可以对该协定未做规定的双重征税问题进行协商。

④缔约国双方主管当局为对以上各款达成协议，可以相互直接联系。

可以看出，条款内容主要对协商程序适用条件、协商方式等做出了原则性的规定，缺乏操作细则的规定。

（三）税收信息交换机制

税收协定是早期国际税收情报交换的主要依据。中泰税收协定第二十六条为“情报交换”，主要内容如下。

一是缔约国双方主管当局应交换为实施中泰税收协定的规定所需要的情报，或缔约国双方关于该协定所涉及的税种的国内法律的规定所需要的情报（以根据这些法律征税与该协定不相抵触为限）。缔约国一方收到的情报应与按照该国法律得到的情报同样保密，仅应告知与该协定所含税种有关的查定、征收、执行、起诉或裁决上诉的人员或当局（包括法院和行政管理部门）。上述人员或当局应仅为上述目的使用该情报，但可以在公开法庭的诉讼程序或法庭判决中公开有关情报。

二是上述规定不应理解为缔约国一方有以下义务：①采取与该缔约国或缔约国另一方法律和行政惯例相违背的行政措施；②提供按照该缔约国或缔约国另一方法律或正常行政渠道不能得到的情报；③提供泄漏任何贸易、经营、工业、商业、专业秘密、贸易过程的情报或者泄露会违反公共政策（公共秩序）的情报。

可以看出，“情报交换”条款所涉及的内容范围比较窄，仅限于中泰税收协定相关内容。

（四）税收饶让

《通知》第七条规定，居民企业从与我国政府订立税收协定（或安排）的国家（地区）取得的所得，按照该国（地区）税收法律享受了免税或减税待遇，且该免税或减税的数额按照税收协定规定应视同已缴税额在中国的应纳税额中抵免的，该免税或减税数额可作为企业实际缴纳的境外所得税额用于办理税收抵免。《企业境外所得税收抵免操作指南》规定，税收饶让抵免应区别下列情况进行计算。

①税收协定规定定率饶让抵免的，饶让抵免税额为按该定率计算的应纳境外所得税额超过实际缴纳的境外所得税额的数额。

②税收协定规定列举一国税收优惠额给予饶让抵免的，饶让抵免税额为按协定国家（地区）税收法律规定税率计算的应纳所得税额超过实际缴纳税额的数额，即实际税收优惠额。

由中泰税收协定中“消除双重征税”条款可以看出，双方均承担税收饶让义务。

值得一提的是，我国于2017年6月7日、泰国于2022年2月9日签署《实施税收协定相关措施以防止税基侵蚀和利润转移的多边公约》，为执行经公约修改后的中泰税收协定，制作了《〈实施税收协定相关措施以防止税基侵蚀和利润转移的多边公约〉和〈中华人民共和国政府和泰王国政府关于对所得避免双重征税和防止偷漏税的协定〉的整合文本》（简称《公约（MLI）和中国—泰国税收协定的整合文本》）。

三、我国税收协定面临的主要问题

（一）税收协定网络存在的问题

中泰税收协定签订于1986年，签订时间较早，协定的内容与当前国际税收规则已经不太匹配，需要对其进行更新和完善。我国和泰国在税种的协调上主要还是关税协调和所得税协调，对于其他重要税种的协调涉及较少，协调需要进一步深入。纵观我国与其他国家签订的税收协定，税收协调的范围不尽相同。有学者通过分析我国与“一带一路”沿线国家税收协定的主要条款，对当前税收协定网络存在的问题进行了探讨，这些问题包括常设机构时间认定问题、数字经济背景下常设机构的认定问题、投资所得预提税设置问题、相互协商程序存在的问题、缺少有关税收饶让的规定以及税收协定覆盖等①。

（二）税收制度差异大制约了税收协调

每个国家的税收制度都需符合本国国情，我国和泰国虽同属于亚洲且均为发展中国家，但是政治体制、经济发展水平、文化风俗等方面的差异使得两国在制定税收政策的目标上存在着差异，也使得两国经过多年发展税收协调仍停留在双边协定，目前还没有多边税收协定，对于涉及两个以上国家的税收协调问题较难解决。我国和泰国税收制度存在的差别主要体现在税种设置、税率设定、征收模式等方面，这些都在一定程度上制约和影响了税收协调。

（三）税收合作程度低

税收情报的国际交换作为我国和其他国家开展税收征收合作的主要方式，旨在打击国际逃避税行为。要进行税收征收管理的协调，一定要保持国家之间税收信息的顺畅交换。我国和泰国的税收情报交换主要依靠两国签订的税收协定中所规定的互相协商程序和情报交换制度，协定规定缔约国双方信息交换范围是“为实施本协定的规定所必需的情报”，这使得两国征税机关获取的税收信息有限。而且中泰税收协定签订的时间较早，有些条款内容陈旧，后期也没有根据现在的国际形势进行修订，很难满足打击逃避税行为的需求。

我国“走出去”企业的投资国家（地区）中，有不少国家（地区）经济欠发达，税收征管水平不高，对税收协定的运用不充分，导致“走出去”企业未能应享尽享税收协定待遇。

第四节　对我国国际税收制度体系的建议

一、国内法方面

（一）提高境外收入税收抵免制度的透明度

境外收入税收抵免制度旨在消除国际双重征税，保护纳税人的合法权益。然而，在实际操作中，由于制度设计复杂、信息不对称等，许多纳税人对境外收入

① 郏赖柔琪. 我国与“一带一路”沿线国家税收协定研究［D］. 北京：首都经济贸易大学，2021.

税收抵免制度的了解并不深入。这导致了部分纳税人无法充分享受政策优惠，甚至可能因操作不当而引发税务风险。目前我国境外收入税收抵免制度的政策宣传和解释还不够充分，导致一些企业对其理解和运用存在困难。因此，需要继续提高税收政策的透明度，根据我国企业“走出去”的行业、区域、企业性质等特点，给予税收、征管支持，加大对境外收入税收抵免制度的培训与宣传，充分发挥其对企业进行对外投资的激励作用。加强政策宣传和解释工作，能帮助企业更好地理解和运用境外收入税收抵免制度。

（二）简化抵免程序

我国目前实行的境外收入税收抵免制度仍需进一步完善和落实。针对税收抵免程序复杂、操作难度大、合格抵免凭证获取困难等问题，需要进一步简化、规范相关程序。简化我国“走出去”企业境外所得税收抵免程序对于降低企业运营成本、提高国际竞争力具有重要意义。简化程序的目的是提高效率，减少烦琐的手续，降低企业和个人的成本。通过优化抵免申请流程、统一抵免政策口径、加强国际税收合作以及建立信息共享机制等措施，可以有效简化程序，降低企业税负，推动我国“走出去”战略深入实施。同时，政府和企业也应共同努力，不断完善境外所得税收抵免政策，为我国企业“走出去”创造更加良好的税收环境。另外，仍需简化抵免程序，减少不必要的环节和材料要求，提高审批效率。

（三）加强信息共享机制

境外收入税收抵免制度的实施需要税务部门与其他相关部门密切配合。然而，目前信息共享机制还不够完善，导致一些企业利用漏洞进行避税。因此，建议加强信息共享机制，建立多部门联动的工作机制，提高税收监管的效率和准确性。政府部门应建立一个统一的信息共享平台。该平台可整合税务、海关、外汇等部门的相关信息，实现部门间信息的互联互通。企业可通过该平台提交境外收入抵免申请，上传相关证明材料，减少纸质材料的报送和审核时间。同时，税务部门也可通过该平台及时获取企业境外收入数据，进行实时分析和监控，确保准确执行抵免政策。

二、国际税收协定方面

（一）持续谈签税收协定

目前，我国企业“走出去”的步伐越来越快，特别是在“一带一路”沿线国家的投资不断增长，相比之下，与我国签订税收协定的国家覆盖面仍显不足。推动共建“一带一路”高质量发展，需要加强财税政策支持，其重要举措便是通过签订税收协定尽量避免重复征税，打击国际避税行为。税收协定能够为跨国投资者提供税收稳定性和确定性。通过税收协定，各国可以明确税收分配关系，消除税收障碍，促进资本、技术和人员的自由流动。同时，税收协定还有助于提高税收征管效率，减少税收争议，维护国家税收权益。因此，我国要继续加大税收协定谈签的力度，扩大税收协定网络，与更多国家和地区签订税收协定。尽管税收协定谈签具有重要意义，但在实际操作过程中仍面临诸多挑战。首先，各国税收制度、法律法规和政策取向存在差异，导致税收协定谈签难度增加。其次，随着全球经济的快速发展，跨国投资和贸易规模不断扩大，税收协定的谈签需求也在不断增加。然而，税收协定谈签进程往往受到政治、经济、法律等多方面因素的制约，进展缓慢。因此，我们要加强国际税收合作，共同推动税收协定谈签进程。通过加强信息交流、分享税收征管经验、协调税收政策取向等方式，缩小税收制度差异，为税收协定谈签创造有利条件。加强税收专家队伍建设，提高谈判人员的专业素养和谈判能力；利用现代信息技术手段，提高谈签工作的透明度和便利性，提高税收协定谈签效率。

（二）强化税收协定执行和监督

税收协定是各国间经过谈判达成的税收合作框架，其执行力度直接影响到税收合作的效果。各国应加强对税收协定执行情况的监督和评估，确保税收协定得到有效执行。只有严格执行税收协定，才能确保税收的公平性和透明度，减少跨国企业的税收负担，促进国际贸易和投资自由化。税收协定的监督是确保协定执行到位、防止税收协定被滥用的关键环节。通过有效的监督，可以及时发现和纠正税收协定执行过程中的问题，防止税收协定被不当利用。此外，监督还能推动税收协定的不断完善和更新，以适应经济全球化和税收环境的变化。一是加强国内法律法规建设，完善国内税收法律法规，确保税收协定与国内法律的协调一致，为税收协定的执行和监督提供坚实的法律保障；二是提升税收征管能力，提高税收征管部门的专业素质和技能水平，强化税收征管手段，确保税收协定得到准确、高效的执行；三是建立信息共享机制，加强税收信息交换和共享，及时获取和更新跨国企业的税收信息，为税收协定的执行和监督提供有力支持。

（三）健全税收争议解决机制

随着税收协定的数量不断增加，各国间的税收争议也呈现出复杂化、多样化的特点。这些争议涉及税收管辖权、税收抵免、税收协定解释等多个方面，给国际税收治理带来了诸多挑战。维护税收协定的稳定性和权威性，需要建立健全税收争议解决机制，及时处理和解决税收争议。为了健全国际税收争议解决机制，可以从以下几个方面着手：一是加强税收协定解释与适用规则的统一，通过完善税收协定解释和适用规则，减少各国间在税收协定执行过程中的分歧和争议；二是强化税收信息共享与合作，加强各国间税收信息的交流和共享，提高税收征管的透明度和效率，降低税收争议的发生概率；三是建立独立、公正的税收争议解决机构，设立专门的税收争议解决机构处理跨国税收争议，确保争议得到公平、高效的解决；四是推动税收争议解决程序的简化和完善，简化税收争议解决程序，降低纳税人的争议解决成本，提高争议解决效率。

除此之外，我国还需要继续加强配套制度的建设，尽可能降低企业境外投资与经营活动的壁垒，减轻企业的税收负担，最大限度地惠及“走出去”企业，助推我国建设更高水平开放型经济新体制。

第四章　天津“走出去”企业财税问题分析

第一节　天津“走出去”企业财税问题案例分析

一、“走出去”企业财税调研不充分案例——A 公司

（一）案例背景概述

A 公司位于天津市 J 区，属于民营企业，其主营业务为电动自行车、电动轻便摩托车等产品的研发、生产及销售。随着人民生活水平的提高及交通方式的多元化，国产自行车行业遭受冲击。然而，以共享单车为首的绿色环保共享经济、外卖经济的兴起及电动新能源技术的革新，使得自行车产业又迅速回温，许多企业纷纷借力“一带一路”的“东风”走出国门。作为传统自行车产业强市，天津紧紧抓住“走出去”发展机遇，在“一带一路”倡议下，积极为本市自行车、电动车产业铺垫“走出去”平台。A 公司作为从天津起家的电动自行车企业，紧跟此次“走出去”潮流，成立国际事业部，积极在海外实施本土化策略。

（二）案例财税问题及风险

1. 未聘请专业的国际税收顾问

财税问题：A 公司虽成立国际事业部，但涉外财税业务暂由国内财务部完成，并未聘请过专业的国际税收顾问。海外税收风险把控不到位，常处于被动经营局面。

财税风险：根据以往对“走出去”企业的调研，很多企业在海外发展过程中都曾遭受税收争议、税收歧视待遇，或面临东道国频繁的税务稽查、税收指控等。很多企业基于与东道国未来长期合作考虑，多选择妥协处理，并不清楚如何去正

确维护权利。抛开东道国政治及税收管理因素，很多企业对海外税收风险并不够重视，也未提前梳理过税收风险点或制订预警方案。

2. 未将国际税收作为对外投资决策考虑因素

财税问题：A 公司国际事业部考虑在海外建厂，以取得生产和销售主导权，但未将国际税收作为考量因素。

财税风险：若财税调研不完备，则会产生因缺乏对境外税收制度的了解而导致损失的风险。有些国家因其廉价的劳动力优势和税收优惠，极具投资吸引力，但企业实地投资后才会发现，这些国家的财税成文法规与财税实操往往存在很大差异，缺乏政府完全背书。例如，一些国家有最低预期所得税的规定，即“走出去”企业在这些国家即使没有收益或利润，也要依据资本额或收入额核定征收企业所得税，属于固定税收负担。

3. 不清楚相关税收优惠政策

财税问题：经向 A 公司调研，其并不清楚我国与哪些国家签订了国际税收协定，更不清楚如何使用这些协定，其海外加盟店、直营店投资收益均未曾享受过税收抵免。

财税风险：若不能完全理解国际税收协定，则会存在双重征税、错失税收优惠及漏缴税款风险。享受国际税收协定优惠的前提是国内企业必须取得《中国居民税收身份证明》，并非自然享受。国际税收协定内容较为专业和抽象，税收优惠条款不仅存在于生效后的协定成文中，也会在协定议定书、备忘附注等附件中体现，而这些优惠内容在不同行业、不同场景下的应用又有所不同。除此之外，部分企业由于缺乏对东道国的税收政策研究，不仅未能享受到税收优惠，反而会面临偷漏税款的调查和惩罚。

（三）案例解决方案

A 公司所在的天津市 J 区内聚集了很多自行车企，已形成了较为成熟的产业群。天津市 J 区税务局、财政局及天津海关等部门积极响应“一带一路”倡议，采取一企一册方案，为本区“走出去”企业铺路搭桥，保驾护航。A 公司在各部门的协助下，化解了初次进入海外市场所遇到的财税风险，同时也逐步明晰了未来海外发展路径。

1. 积极吸纳税务部门建议，优化国际事业部架构，排查税收风险点

天津市 J 区税务局将 A 公司纳入“走出去”企业清册，主动派专职税务人员

上门走访调研，帮助其梳理了已布局市场所存在的税收风险，随后邀其加入“两统保一平台”系统，为A公司进军海外提供风险处理保障。在了解A公司出口资金回流速度较慢这一情况后，天津市J区税务局又联络天津海关审核并通过了A公司的“经认证的经营者”企业资质，自此A公司得以享受“先退后核”“出口退税贷”等创新税务服务，极大降低了企业的税务资金成本。

同时，A公司听从天津市J区税务局的建议，招募了具有国际税收背景的实践型人才，在国际事业部内成立了专门的国际税收组，以协助企业更好发展。

2. 谨慎布局海外建厂，将税收因素纳入选址考量

A公司国际事业部认为，为扩大海外市场份额，其必须将单一出口贸易模式改变为海外本土化研发、生产、销售的海外垂直一体化经营模式。在选址区域上，“一带一路”倡议在东盟地区已形成了陆海双向互济的发展格局，且该地区许多国家人口密度大、人均国内生产总值（GDP）低，一直以来都是摩托车、电动车使用大国，因此A公司率先锁定东盟区域作为选址范围。在天津有关部门的推荐下，A公司积极参与了中国—东盟博览会，进一步寻找海外合作契机。同时，A公司在新成立的国际事务部国际税收组建议下，将国际税收风险纳入选址考量，这是A公司之前从未曾重视的。A公司参考普华永道和世界银行联合发布的《2020年世界纳税报告》中所披露的东盟各国税收营商环境评估指标体系，梳理出税收营商环境前五名的国家，即新加坡、马来西亚、泰国、文莱、越南，将选址范围进一步缩小。虽然最终选址方案还需综合海外政治、人文等因素决定，但充分的国际税收调研将极大降低A公司因缺乏对境外税收制度的了解而导致损失的风险。

3. 系统学习海外税收相关文件内容和使用方法，积极维护自身税收权益

作为拓展海外市场的初步试水，A公司自2019年起，通过海外加盟分成、直营等方式在东南亚、欧洲国家铺设销售渠道并取得了不错的投资收益。但由于当时负责海外税收的人员缺乏国际税收背景且该收益在企业总收入中占比较低，A公司只是对接了海外当地税务人员协助申报纳税，并且按照我国税收准则缴纳了相关税款，采用的一直都是双重缴税模式。天津市J区税务局在调研梳理A公司的海外收入时发现了这一问题，及时协助其办理了《中国居民税收身份证明》，同时与部分国家启动了税收协调，解决处理A公司双重缴税问题。天津市J区税务局还向A公司推送了《“走出去”税收指引》网络微课等，向其进一步科普国际税收优惠政策的使用过程，避免其重蹈覆辙。

（四）案例启示

1. 把握"走出去"机遇，积极利用当地的财税政策及服务

天津积极响应国家"一带一路"倡议，为"走出去"企业搭建了较多展示平台，如国家会展中心（天津）等。有潜力的企业需主动争取展示机会，发现并把握"走出去"的机遇，同时加强与当地财税部门的联络，获取最新的海外财税咨询、建议和专业的财税服务，尽量避免在海外走弯路、走错路。

2. 依据行业及企业特点，建立"走出去"财税风险预警和处理体系

像A公司一样在"走出去"初期不重视财税风险的企业不在少数，导致很多企业"走出去"后会因税务问题陷入被动经营。另外，在国家税务局层面，企业缴税合规即可，并不会主动帮助企业做税务筹划，则企业就可能出现多缴税情况。因此，企业应尽早组建海外财税团队或聘请第三方专业机构，结合行业及企业自身特点，梳理自身财税风险点，做到心中有数。

3. 充分开展海外财税调研，综合考量海外布局决策

同案例中的A公司一样，很多企业在布局海外发展时会忽略财税风险，这将为后续运营埋下隐患。国内和国外的税收管辖权、司法体系不一样，通常企业在"走出去"签订具体合同和外贸订单之前就要考虑到税收风险和利润点，不能只考虑或听说名义低税率就投资，要具体考虑其税收实际执行情况和内涵，严谨考量和计算税收成本，否则会出现订单签订即亏损的情况。海外财税调研必不可少，企业应至少考量以下因素：是否和我国签订税收双边协定，是否有其他税收优惠合作政策；以往的税收表现，如国家总税率和社会缴纳费率、纳税时长、纳税次数、税后流程等；同行企业所遇到的财税问题等。企业要在综合考量政治、经济、人文、财税等因素后再进行决策，否则海外投资很有可能"颗粒无收"。

4. 熟悉税收相互协商程序，必要时积极寻求区域税务部门启动税收协调

A公司在"走出去"初期并未主动向天津市J区税务局寻求指导和帮助，以至于海外经营店一直处于双重征税模式。建议初次部署海外市场的民营企业，先向当地财税部门咨询，提前办理诸如《中国居民税收身份证明》等文件以便享受税收优惠。若在海外遭遇税收歧视待遇或税收不公，也应第一时间积极与区域税收部门联系，尽早启动税收协调，降低损失。

综上，"走出去"企业应积极利用税收政策及服务，避免走弯路；建立财税风险预警处理体系，避免出海后被动经营；详尽开展海外财税调研，降低订单签

订过程中的亏损风险；熟悉税收相互协商程序，必要时积极寻求协调。

二、“走出去”企业海外并购财税风险案例——B 公司

（一）案例背景概述

B 公司是一家集研发、生产、销售为一体的现代化制造企业，位于天津市经济技术开发区，其产品广泛应用于汽车、电子、化工、食品等众多行业。随着国内市场竞争的加剧，B 公司希望寻找更广阔的国际市场来扩大自身规模和影响力，进一步提升国际化水平。

在实施“走出去”战略过程中，B 公司考虑通过跨境并购的方式拓展海外市场，以提升企业国际竞争力。在并购过程中，国别问题和税收问题成为企业关注的重点。在国别选择上，B 公司进军海外的主要目的是拓宽欧洲市场，并据此逐步在海外行业市场中立足。因此 B 公司重点考察了其产品在欧洲各国的适销性和紧缺度，初步选定了市场需求旺盛的欧洲 G 国作为海外市场第一站。在税收问题上，企业重点考虑如何合理设计境外投资架构，因为这将直接影响企业后期经营的税务成本，企业初步决定采用控股架构筹划中的直接投资方式（控股架构旨在通过优化税务处理，降低子公司向母公司汇回利润、资金回流集团现金池或股权出售所产生的税务负担，从而提升集团的总投资回报率）。

（二）案例财税问题及风险

1. 对外投资国别选择上考虑不够全面

财税问题：B 公司在国别选择上考虑并不够周全。虽然该次并购的主要目的在于拓宽海外市场，但是 B 公司仅根据短期商业运营需求就选择 G 国作为投资地，未系统考虑其他风险。

财税风险：初次“走出去”的企业多抱有抢占海外市场份额或寻求行业转型的明确目的，因此在选择投资目的地时由于缺乏经验，可能会更注重市场利益而轻视后续风险管理。但是海外目标国家或区域选择一定是一个综合考量的结果，通常至少要考虑政治风险、合规风险、金融市场风险以及并购后的整合风险等。单一以市场为导向来选择海外目标国家，会导致企业在后续运营中面临诸多困难，甚至可能影响到企业的生存和发展。

2. 对外投资架构设计不合理

财税问题：B 公司考虑采用控股架构筹划中的直接投资方式来完成海外并购。

财税风险：直接投资和间接投资是常见的两种控股架构模式。直接投资是由国内总公司直接向具备相关产业技术优惠政策的投资目标国或地区进行投资，将投资目标国或地区获取的利润和资本利得直接汇回国内总公司，统一按照我国税收法规申请税收抵免，以减少税收抵免的不确定性。间接投资是指企业先在境外设立中间投资平台，即中间控股公司，再由中间控股公司向投资目标国或地区进行投资。从表面上看，直接投资方式的架构更加清晰明了，投资者能够全权控制其在海外的业务并独立决策，更快地对市场变化做出反应。统一回国纳税，在政策和流程等方面企业也更加熟悉和便捷。但是其风险在于，B 公司并没有全面考虑目标国家的税法、税收协定、产业政策等因素，未计算和对比直接投资方式与间接投资方式下的具体税务成本和税收风险，这可能会对未来企业整体海外经营产生重大影响。

（三）案例解决方案

B 公司并没有雇用专业的国际税收人才，因此 B 公司决定购买某会计师事务所的税务咨询服务来帮助其全面评估投资目标国的税收环境，以便做出更明智的投资决策。该会计师事务所的专业团队为 B 公司提供了以下建议。

1. 重新评估“走出去”最优目标国家和地区选择

对欧洲市场区域的几个备选国家和地区进行全面的政治、经济、文化、市场、税收调研，税收方面重点关注投资目标国税务政策、税收协定、产业税收优惠措施，以及国际税收争议是否频繁等，再综合考虑 G 国是否为最优解。这一步骤至关重要，因为单一的市场需求考虑并不能确保企业的长期成功，税收成本和税收风险的控制对企业海外经营的营利能力和生存发展具有深远影响。

2. 重新审视和优化境外投资架构

针对 B 公司的具体情况，该会计师事务所建议其对直接投资方式和间接投资方式进行深入分析，对比两种方式的税务成本和税收风险。在充分了解投资目标国税法、税收协定、产业政策等因素的基础上，该会计师事务所为企业制定了最适合的境外投资架构。经分析，该会计师事务所认为采用控股架构筹划中的间接投资方式更适合 B 公司，即采用在境外搭建中间投资平台的模式实现对投资目标国的间接投资。境外投资架构改进详见图 4–1。原因如下：①通过选择税收环境友好、具有广泛税收协定网络的境外中间投资平台，国内公司可间接享受到中间投资平台与投资目标国之间更优惠的税率，降低海外经营利润汇回或是股权转让等业务的税收负担。②境外中间投资平台在一定程度上可以充当整个集团的灵活资金池，加大集团的资金自由使用度。③如果在投资目标国发生经营风险或其他风险，则可视情况选择从境外中间投资平台层面退出，切断投资目标国公司与国内公司的风险联系，最大限度地减少国内公司所受海外风险的影响。

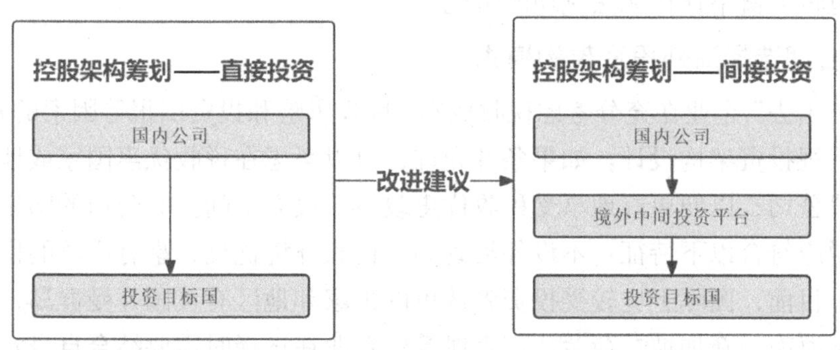

图 4–1 境外投资架构改进

3. 制定税收筹划策略

根据投资目标国的税收环境和政策，该会计师事务所为 B 公司制定了税收筹划策略，旨在降低企业海外经营的税收成本，提高企业竞争力。这包括合理利用境外中间投资平台与投资目标国的税收协定、产业优惠政策等手段，合理规划企业整体税收负担，确保企业在全球范围内实现最优税收效果。

4. 建立完善的税收风险管理体系

为确保企业在海外市场的稳健发展，该会计师事务所建议 B 公司建立全面的税收风险管理体系，定期对企业海外业务的税收风险进行评估和监控。此外，企业还需加强与当地税务部门的沟通与合作，确保企业合规经营，降低税收风险。

5. 培养专业的国际税收人才

为了更好地应对海外投资税收风险，该会计师事务所建议 B 公司重视国际税收人才的培养和引进。企业应定期组织内部培训，提高员工对国际税收法规、税收协定和税收筹划的理解和应用能力，为企业的全球化战略提供人才保障。

（四）案例启示

1. 充分做好“走出去”目标国家或地区调研

初次“走出去”企业切不可只考虑市场利益这单一因素，一定要综合考虑投资目标国的整体营商环境。在税收方面，不仅要充分了解投资目标国的税收政策，同时还应调研其海外税务争端是否频繁。通常来说，如果某国税务部门经常采取不合理的税收执法行为，或频繁开展反避税调查，那么其税收政策和管理并不能被完全信任，未来出现税务纠纷的可能性也较高，即使该国具备非常优惠的税收政策，也将大概率存在无法兑现的可能。

2. 合理选择海外投资架构模式

"走出去"企业在充分考虑税收成本、税收风险和投资回报等因素的基础上，一定要重视投资架构设计。如果条件允许，可以考虑在税收优惠国家或地区设立中间控股公司，以便更好地享受税收优惠政策。设立中间控股公司的国家和地区一般来说应符合以下特征：不设外汇管制，税收环境优良，享有广泛的税收协定合作网。目前，国际上比较受投资者认可的国家和地区有英国开曼群岛、中国香港、中国海南、新加坡、荷兰、卢森堡等，企业在选择时需要结合自身实际商业需求，谨慎分析各个平台的优劣势及和投资目标国的关联度，使双边税收抵免、优惠待遇获得最大效用，保证投资架构的效益性和合规性。

需要提醒的是，投资架构层级并非越多越好，一旦中间架构超过三层，就会导致实体公司在投资目标国缴纳的企业所得税无法在中国境内参与税收抵免。基于此，"走出去"企业在境外间接股权控股公司的设计中，要特别注意避免将设置超过三层的离岸公司作为中间控股公司[①]。另外，在低税负地区设立的中间控股公司需要有"合理的商业目的"或"实质性经营活动"，或是有足够的证据可以说明其"合理商业目的"或"实质性经营活动"真实存在，否则也容易引起反避税调查。

3. 加强与税务部门的沟通与合作

在实施境外投资过程中，"走出去"企业应加强与我国税务部门的沟通与合作，及时了解境外税收政策变化，确保企业税收成本最低。此外，企业还应积极寻求税务部门在税收抵免等方面的指导和支持，确保企业合法合规地享受税收优惠政策。

4. 建立健全境外税收风险管理体系

"走出去"企业在境外投资过程中，应建立健全税收风险管理体系，防范潜在的税收风险。企业可以定期对境外税收政策进行梳理和分析，确保投资架构的合规性；定期对境外业务进行税收审计，确保业务合规经营；与投资目标国税务

① 段从军．国际税收实务与案例［M］．北京：中国市场出版社，2016.

部门保持良好沟通，及时了解税收政策变化，确保企业不受税收风险的影响。同时，企业还应加强企业内部培训，提高员工的国际税收意识，降低因缺乏税收知识而产生的税收风险。

5. 密切关注国际税收动态，灵活调整投资策略

在国际税收环境不断变化的背景下，“走出去”企业应密切关注国际税收动态，及时了解税收政策调整对企业发展产生的影响。根据税收政策变化，企业可以灵活调整投资策略，确保税收成本最低。此外，企业还可以通过参加行业交流、聘请专业顾问等方式，不断提升自身在国际税收方面的适应力。

综上，合理的境外投资税收架构设计对企业“走出去”具有重要意义。企业应充分了解投资目标国税收政策，利用税收优惠政策，加强国际税收风险管理，以降低税收成本，提高投资收益。同时，企业还需加强与投资目标国税务部门的沟通，确保业务合规经营。通过优化税收架构，企业可以在全球范围内提升竞争力，为实现可持续发展奠定基础。

三、“走出去”企业税收抵免风险案例——C 公司

（一）案例背景概述

C 公司是天津一家专注于制造和销售高质量机械零部件的公司，经过十多年的发展，已成为业内知名的机械零部件制造商。随着 C 公司在国内市场的不断壮大，国内市场需求逐渐趋于饱和，C 公司决定拓展海外市场。C 公司根据自身业务特点，锁定 M 国（税收协定国）和 N 国作为投资目标国，于 2018 年分别投资了当地一家公司，详见图 4–2 和图 4–3。2019 年投资的境外 M 国公司实现盈利并对外分红。就此项股息，C 公司在 M 国缴纳预提所得税 150 万元，在国内申请按照国内税法境外税收抵免。2019 年投资的境外 N 国公司实现盈利并对外分红，中间控股公司已在 N 国缴纳预提所得税额 30 万元。

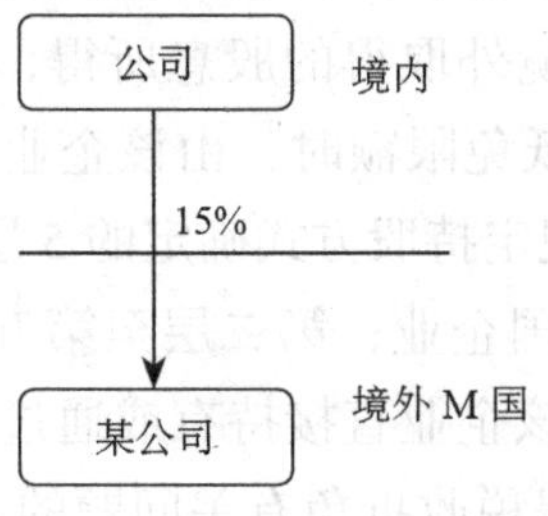

图 4–2　C 公司投资境外 M 国架构

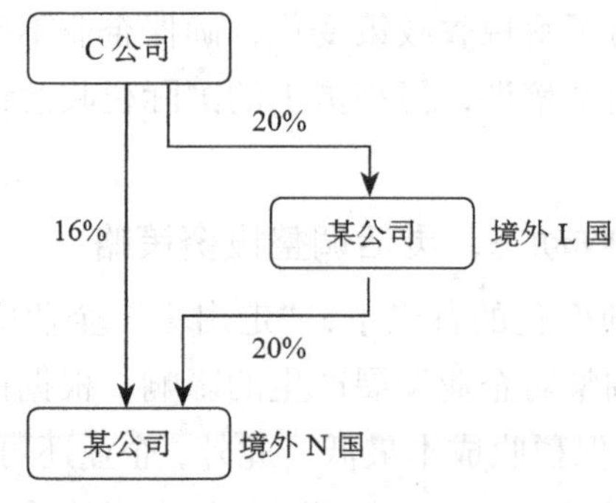

图 4–3　C 公司投资境外 N 国架构

（二）案例财税问题及风险

1. 对外投资架构设计不合理

财税问题：关于在 M 国的投资，前述案例已经分析过，直接投资境外可能会导致税收成本较高，投资回报率降低。但是 C 公司由于自身原因，已选定了直接投资模式。在既定投资方式下，已预提的 150 万所得税税收优惠重点就在于是否能够参与国内税收抵免计算。

税收风险：根据《财政部 税务总局关于完善企业境外所得税收抵免政策问题的通知》中的税收抵免规则，只有以直接或者间接持股方式合计持股 20% 以上（含 20%，下同）的规定层级的外国企业股份，由此应分得的股息、红利等权益性投资收益可以抵免。C 公司在 M 国的投资比例为 15%，小于 20%，该案例中 C 公司又是按照国内税法申请境外税收抵免，故将无法按预期获得抵免，从而增加了税收负担。

2. 对外投资股权比例可能不符合税收优惠要求

财税问题：关于在 N 国的投资，C 公司的初衷是通过中间控股平台获取部分税收优惠，但是其控股架构却并不符合税收抵免要求。按照国内税法政策，自 2017 年 1 月 1 日起，企业在境外取得的股息所得，在按规定计算该企业境外股息所得的可抵免所得税额和抵免限额时，由该企业直接或者间接持有 20% 以上股份的外国企业，限于按照规定持股方式确定的 5 层外国企业，即第一层为企业直接持有 20% 以上股份的外国企业；第二层至第五层为单一上一层外国企业直接持有 20% 以上股份，且由该企业直接持有或通过一个或多个符合《财政部 国家税务总局关于企业境外所得税收抵免有关问题的通知》（财税〔2009〕125 号）第六条规定持股方式的外国企业间接持有总和达到 20% 以上股份的外国企业。

税收风险：C 公司虽然直接持有 N 国公司 16% 的股权，且通过中间控股公司间接持有 N 国公司 4%（20% × 20%）的股权，合计达到 20%。但是按照政策规定，其并未达到直接控股 20% 或通过一个或多个公司间接控股 20%，合计控股并不符合政策要求。因此在 M 国缴纳的来源于 C 公司 4% 股权部分的所得税额，不能计入 C 公司的抵免范围，需在国内申报时剔除。

（三）案例解决方案

1. 合理利用税收协定优惠

就在 M 国的投资来说，虽然在 M 国缴纳预提的 150 万所得税无法按照国内税法抵免，但是需注意到 M 国为中国的税收协定国。根据两国之间的税收协定，中国居民从 M 国取得的股息所得，应允许在对该居民征收的中国税收中抵免，但前提是中国公司持有 M 国公司不低于 10% 的股份。C 公司直接持有 M 国公司的股份为 15%，因此符合税收协定规定，可以按照税收协定向国家税务局申请税收抵免。

2. 改进对外投资架构

就在 N 国的投资来说，C 公司若想既利用中间控股公司获取税率优惠，又想获取一定的税收抵免，则需改进当前的投资结构，如图 4–4 所示。

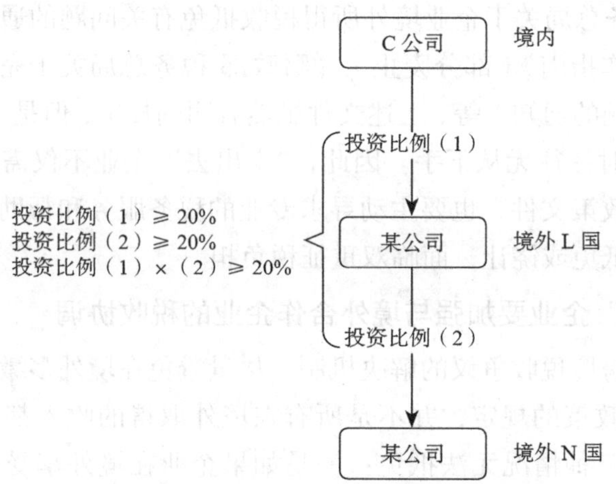

图 4–4 C 公司投资境外 N 国改进架构

按照中国税法规定的境外税收抵免条件，若 C 公司在 M 国的投资想要获得税收抵免，则需至少满足以下三个控股比例条件：一是对中间控股公司的投资比例（1）应当大于等于 20%；二是中间控股公司对 M 国公司的投资比例（2）应当大于等于 20%；三是投资比例（1）乘以投资比例（2）应当大于等于 20%（但如果协定的规定为 10%，则也符合间接抵免条件）。优化后的投资结构能够满足税收抵免的条件，C 公司以后可以按照优化后的投资结构进行调整，并在满足税收协定的条件下申请税收抵免。此外，C 公司还需密切关注境外税收政策的变化，以便及时调整税收筹划，降低税收成本。

（四）案例启示

1. "走出去"企业需要深入研究税收协定内容

税收协定是两国政府为避免重复征税和减轻国际贸易税收负担而签订的协议。企业在开展跨国业务时，应对与投资目标国和业务相关的税收协定进行深入研究，以确保对各项条款有全面而深入的理解。这样，企业才能正确运用税收抵免政策，降低税收负担，优化税收筹划。此外，企业还需关注税收协定的动态变化，确保税收筹划的及时性和合规性。

2. "走出去"企业应与税务部门保持良好沟通

对于复杂的税务问题，企业应寻求专业税务顾问的帮助，以确保税收抵免的合规性和准确性。目前，我国关于境外所得税收抵免的主要法律文件包括境外所得来源国与我国签署的税收协定、《企业所得税法》及《企业所得税法实施条例》、《财政部 国家税务总局关于企业境外所得税收抵免有关问题的通知》、《企业境外所得税收抵免操作指南》（部分废止）、《财政部 税务总局关于完善企业境外所得税收抵免政策问题的通知》等，上述文件虽然有明确规定，但是规定及条款繁多，很多企业在操作时往往无从下手。因此，"走出去"企业不仅需要及时关注当地税务部门的最新政策文件，也要主动寻求专业的税务服务和帮助，避免在境外已纳税后回国无法抵免或饶让，面临双重征税负担。

3. "走出去"企业要加强与境外合作企业的税收协调

关注并熟悉跨境税收争议的解决机制，尽量避免在境外多缴税、错缴税。因为按照我国税法政策的规定，并不是所有在境外取得的收入都可以申请税收抵免，常见的以下三种情况无法抵免：一是如果企业在境外享受先征后返税收优惠（类似于财政返还），其退还的已缴税额不能在境内抵免；二是企业某项境外所得，如果按照我国税收法律法规给予免税优惠规定，该项所得的应纳税所得额及其缴纳的境外所得税额不能在境内抵免；三是企业在境外多缴纳、错缴纳的税款，无法作为境外已缴税额在境内申请抵免。前两种情况对于企业来说并不会额外造成税收负担，因为已经在境外或者境内享受了税收优惠。但是，对于第三种情况来说可能会给企业带来双重征税风险。因此，企业要与境外合作企业或者投资企业加强沟通，熟悉投资目标国的税务制度，尽量避免多缴税、错缴税的情况发生。如果企业碰到此种情况，应及时向境外税务机关申请退还，必要时可向境内主管税务机关提出申请，并报请国家税务总局启动双边协商程序，以免日后影响境内税收抵免申请，造成重复缴税。

总之，在应对境外投资税收问题时，企业应全面深入了解税收协定的具体内容，强化与税务部门的沟通，以及与境外合作企业的税收协调，同时，关注并熟悉跨境税收争议的解决机制。通过以上措施，企业能有效降低税收抵免风险，提高税收效益。

四、"走出去"企业转让定价合规风险案例——D 公司

（一）案例背景概述

天津市某制造业 D 公司自成立以来，凭借卓越的产品质量和优质的服务，在国内市场取得了显著的成绩。然而，随着经济全球化的加速和市场竞争的日益激烈，D 公司意识到，为了实现更长远的发展和持续的增长，必须开拓海外市场。2015 年，D 公司在境外 H 国（税收协定国）投资成立公司，同年开始投建厂房，建设周期为 3 年。境外 H 国公司主要负责 D 公司某项核心产品的生产、设计研发、市场调研、批发销售等。该核心产品的专利技术由 D 公司全权授权 H 国公司使用，H 国公司每年需支付 D 公司专利权使用费。投建期间，D 公司注意到其与 H 国本地同行业企业相比，在品牌知名度、营销网络等方面还存在一定的差距。因此，D 公司决定在 H 国加强品牌推广，如大力投放媒体广告、结合 H 国消费和生活习惯进一步细分产品品类、挑选热门型号产品促销推广，以增加市场曝光率、提升市场占有率（投建自有工厂期间的产品均来自国内出口）。2015—2018 年，D 公司在 H 国设立的公司持续亏损，2019 年 H 国政府税务部门决定对 D 公司展开反避税调查并要求其提供近 4 年的转让定价同期资料文档。

（二）案例财税问题及风险

1. 初始开办费用和营销费用可能过高

财税问题：D 公司在 H 国的初始开办费用和营销费用可能过高，且未及时向当地税务部分申请预约定价安排以说明其履行的职能、承担的风险和使用的资产，证明其关于开办费用和营销费用的处理符合独立交易原则。

财税风险：生产准备期的筹备活动所产生的大量费用，一般被称为开办费用，计入管理费用。投产运营初期的试生产阶段，由于产量低且销量少，往往不足以有效吸收、消化初期的开办费用投入。加之企业开办初期产能不稳定、生产效率低下，企业成立初期的产品单位成本通常较高，造成利润亏损但是税务负担减轻[①]。另外，如果此时企业急于进入市场，境外营销费用又较高的话，在H国所投资的公司很可能会引起境外税务机关的关注。

2. 亏损期间存在收取专利权使用费行为

财税问题：D公司在H国的投资公司在2015—2018年持续亏损，且期间存在持续向H国公司提供技术专利并收取专利权使用费的行为。海外税务部门对于这种情况是非常敏感的，极易进行转让定价风险调查。

财税风险：无形资产价值难以准确衡量，其转让定价又具有极强的隐蔽性，因此对于跨国企业来讲有很大的筹划转移利润的空间[②]。企业在国与国之间进行无形资产所有权或使用权转让，如专利权、商标权等，有义务按照公平市场价格进行交易，这是为了确保税收公平性和防止企业通过非法手段规避税收。如果企业在转让无形资产时未能遵循这一规定，转让就可能遭到税务部门的反避税调查。在D公司的案例中涉及专利权使用费的支付，但是D公司可能并未进行合理定价规划或及时申报，因此H国税务部门会质疑其价格是否合理，是否存在避税嫌疑。

3. 忽略同期资料的及时报送和整理

财税问题：D公司在H国的转让定价同期资料文档可能未达到H国合规要求或在投资期间未能及时报送，导致税务部门对其开启反避税调查。

财税风险：企业应与境外税务部门加强沟通，定期整理传送转让定价同期资料文档，以证明营业行为的合规性。在接受反避税调查时若无法提供完整、合规的转让定价同期资料文档，则可能会被税务部门视为违规操作，从而导致缴纳罚款或滞纳金等经济损失，甚至可能影响企业在当地的声誉和业务运营。此外，如果企业在反避税调查过程中未能妥善应对，就可能引发更多的税务风险，如税收争议、双边协商等，对企业在海外的投资和经营活动产生不利影响。

---

① 苏学敏，屈克娜，邓婷．“走出去”企业常见转让定价风险及应对策略［J］．国际税收，2021（7）：48-52.

② 刘青．无形资产转让定价研究：基于A公司案例［D］．广州：暨南大学，2019.

（三）案例解决方案

由于H国税务部门已经对D公司的境外业务展开调查，D公司只能积极应对检查，以最大限度地降低税收风险影响并保障企业的合法权益。

1. 积极配合H国税务部门调查

如实提供相关资料，包括财务报表、转让定价同期资料文档等，以证明其营业行为的合规性。这一点非常重要，至少从态度上对税务调查做到及时回应，从而避免误解和冲突。

2. 对税务部门的质疑进行合理解释

对于H国税务部门提出的关于开办费用、营销费用以及专利权使用费等问题，D公司应准备充分的解释和证据，证明其处理这些费用的方式是符合独立交易原则的。

3. 寻求专业的税务咨询帮助

在处理该类复杂的税务问题时，企业可能需要寻求专业的税务咨询帮助。税务咨询专家可以提供针对性的建议，帮助企业更好地理解和应对税务部门的调查，从而有效降低税收风险。

4. 寻求国内税务部门的协助

在应对反避税调查过程中，D公司应及时与我国税务部门沟通，寻求专业的争议解决建议，必要时申请启动双边磋商程序，将税收调查对企业的影响降至最低。

5. 重新审视转让定价合理性

针对H国税务部门关注的转让定价问题，D公司应重新审视自身在H国的转让定价策略，确保符合独立交易原则。结合专业税务机构的建议，对企业的转让定价进行整体的合理性评估并改进。

6. 优化内部控制体系

D公司应审视其内部控制体系，确保各项业务流程的合规性，尤其是加强对H国公司的财务状况、税收合规性的监控，确保H国公司运营得健康、稳定。

（四）案例启示

1. 重视同期资料的积累和准备

当跨国公司符合一定的条件时，其有义务向税务机关提供准确的同期资料。

OECD 早在 1995 年出版的《跨国企业与税务机关转让定价指南》中就对转让定价文档管理做出规定[①]。如果用来证明企业商业架构和安排合理性的关联交易同期资料未能提前准备，或是未能按照海外投资国家的标准准备，就容易引起投资国家的反避税调查。各个投资国家的同期资料格式都不相同，企业重复准备的工作量比较大，并且企业多不熟悉当地政策，就需要找专业的税务师事务所协作处理，大型的税务师事务所一般会掌握全球多国最新的标准资料模板，为企业量身打造符合要求的同期资料，帮助跨国企业应对反避税调查。

2. 加强税收筹划

企业在进行境外投资前，应充分了解投资所在国的税收法规，合理进行税收筹划，以降低税收风险。在 D 公司案例中，企业应在投建初期与 H 国税务部门沟通，了解税收政策，并为后续转让定价安排做好预约定价安排。

3. 完善财务管理

企业应加强境外分支机构的财务管理，确保财务报表真实、完整、准确。在 D 公司案例中，企业应提前合理安排开办费用、营销费用等税务部门敏感的财报项目支出，做到及时申报，避免引起税务部门关注。

4. 增强税企沟通

企业应积极与国内税务部门沟通，了解税务政策，争取国内税务部门的支持和指导，在发生争议时及时申请启动双边磋商程序，降低税收风险。此外，企业还应加强与海外投资国家税务部门的沟通，定期整理和报送转让定价同期资料文档，避免因信息不透明而引发税务部门的怀疑和调查。

5. 强化风险管理意识

企业应建立完善的风险管理体系，将财税风险纳入其中，加强风险预警和监控。在境外投资过程中，企业应密切关注税收政策变化，及时调整税务策略，确保税务合规。同时，企业还应加强对境外分支机构的监督和管理，确保分支机构在税法、会计准则等方面遵循当地法律法规。

D 公司的案例为我们提供了宝贵的经验。在跨国经营中，企业应充分了解并遵守投资所在国的税务法规，尤其重视同期资料的积累和准备，增强税企沟通，加强税收筹划和财务管理，强化风险管理意识。只有这样，企业才能在跨国经营中稳健前行，实现可持续发展。

---

① 王懿. BEPS 行动计划 13、成果 6 转让定价同期资料和分国信息披露指引［J］. 国际税收，2014（10）：29–30.

五、"走出去"企业 EPC 项目税收风险案例——E 公司

（一）案例背景概述

天津某建筑工程承包公司 E 公司参与建设了"一带一路"沿线某国的基础设施建设项目，该国对于基础设施建设项目出台了较多的税收优惠政策。E 公司认为其过往海外施工经验丰富且曾与外资进行合作，因此并未充分考虑当地税制的特殊性。在签约合同的沟通初期，E 公司没有邀请财税专业人员参与，仅派出公司市场部和商务部人员前往谈判。由于市场部和商务部人员缺乏对项目涉税情况的深入分析和专业判断，其在合同商务报价时并未将投标国别的税制的特殊性加以周到考虑或对差别之处做专项调整，只是凭借以往项目估计税负的经验、简单参考其他国别税负的计算方法大致估算了合同税负成本，对于很多细节缺乏考量。合同签约后 E 公司逐渐发现实际税负可能远超预算，会给企业带来较大税务负担，大概率会导致项目最终亏损。因此 E 公司及时联系了具有丰富海外税收筹划经验的税务师事务所来重新审定合同细节，希望能节约税务成本并降低税务风险。经过梳理该项目已有资料和实际情况，该税务师事务所发现整个签订合同过程中还有很多问题会给 E 公司带来较大的税务风险，我们在下文进行逐个分析。

（二）案例财税问题及风险

1. 对外投资建设未进行财税调研

财税问题：E 公司初期在参与该国的基础设施建设项目时，没有充分考虑当地税制的特殊性，也缺乏财税专业人员参与，因此未能深入进行税务调研和分析。

财税风险：这一问题的根源在于部分企业缺乏对国际税务规则的深入了解和熟悉，习惯以经验代替测算，认为税务成本只是附加成本，对业务实质影响不大，因此在"走出去"的过程中，常常忽视对税务成本的精确预估和筹划。然而，这种观念往往会导致企业在实际操作中面临巨大的税务风险，这种影响是持续的且可能会导致合同签订即亏损。

2. 合同签约主体设定不合理

财税问题：E 公司作为设计、采购、施工（engineering、procurement、construction，EPC）项目总承包商与合资公司 L 公司签约 EPC 合同，这样的安排不仅使得 E 公司无法享受当地的税收优惠，还可能增加额外的税负成本。

财税风险：这主要是因为根据该投资目标国税法规定，如果外资工程承包企业在当地开展项目建设和运营活动超过 6 个月，那么外资企业将会在当地形成常

设机构，需要在当地进行注册登记并在法律上成为分公司。在缴纳企业所得税时，常设机构或者分公司适用与本地公司相同 30% 的税率，即 E 公司无法享受预期税收优惠。同时，若 L 公司向境外支付服务费，则又会在当地产生 20% 的服务预提税，但向本国服务商支付服务费则不产生服务预提税。EPC 合同属于服务合同的一种，因此若 L 公司向 E 公司支付 EPC 合同款，则需扣缴 20% 的服务预提税，这将大幅增加该项目的整体税负。

3. 未及时向当地政府进行合同资料备案

财税问题：已签约合同未及时向当地相关政府部门备案，也未在合同中注明欲申请优惠细节，如税收优惠享受前提、税收优惠主体和具体优惠内容等。这些问题可能会使项目整体税收优惠起始日期延后，甚至错失税收优惠。

财税风险：根据投资目标国税收规定，相关 EPC 合同签署后需要尽快向当地财政和税务部门报备并获得审批，还需要在申请材料尤其是项目合同中写明欲享受的税收优惠具体内容。E 公司在和 L 公司签订合同后迟迟未上报，且并未说明进口关税、增值税免税优惠政策的适用主体是 L 公司，还是也包括 EPC 项目的总承包商 E 公司。如果投资目标国政府判定该项目可享受的免税政策仅适用于 L 公司，那么 E 公司在进口项目设备和原材料时就无法享受关税和增值税的税收优惠。其实很多“一带一路”沿线国家都会针对重大基建项目提供特别税收优惠政策，如老挝、柬埔寨等都曾经针对一些对当地发展意义重大的大型公私合营项目，给予投资者额外的税收优惠。但是这类政策一般都会对投资者提出严格的合规要求，如“及时按要求向相关部门提交申请并备案”“在协议中明确相关税收优惠政策”[①]，如果未能及时遵循，就会影响项目的时间安排和税务成本。

4. 合同签订缺乏灵活调整空间

财税问题：E 公司未在合同中针对税务成本预留灵活调整空间，导致一旦税务政策出现变化或者双方对于税务政策理解不同也不方便及时调整。另外未能做好税务风险应对方案和设计，在出现实际税负超过预算的情况时，企业可能无法及时解决问题，只能自行承受不利局面。

财税风险：各国税制存在差异，且可能随时发生变化，因此合同中的税务条款应具备足够的灵活性，以适应这些变化。然而，如果企业未能充分考虑这一点，就可能在面临税务政策变化或理解产生分歧时陷入困境，无法及时调整合同

---

① 国家税务总局国际税务司，国别投资税收指南课题组．中国居民赴某国家（地区）投资税收指南［EB/OL］．［2024–05–30］．https://www.chinatax.gov.cn/chinatax/c102035/gbtzsszn.html.

条款，从而蒙受损失。E 公司在已签订合同中未对合同调整或补充事项予以说明，因此在聘请专业税务咨询团队后想要调整原有合同方案是十分困难的，可能会需要双方政府出面协调。另外 E 公司并没有制定税务风险应急预案或管理制度，在预估税务成本已经远超预算的情况下，企业很难及时规避税务风险，极大可能会加剧损失。这不仅会对企业的财务状况产生不利影响，还可能损害企业的声誉和国际形象。

（三）案例解决方案

E 公司参考了所聘请的专业税务咨询团队的意见，做出如下解决措施。

1. 进行全面税务风险评估

E 公司在税务咨询团队的协助下，立即组织财务和法务团队对涉及的合同进行全面的税务风险评估，详细分析合同中的税务相关条款，以评估这些条款在执行过程中可能带来的实际税务负担。深入分析导致税务成本过高的具体原因，如税收签约主体问题、税收优惠政策未明确问题、未及时备案审批问题等。

2. 与当地政府展开协商

在充分了解税务风险后，E 公司与投资目标国政府展开了积极的协商，最终在税务咨询团队和双方政府的努力下，投资目标国政府和 L 公司同意增加补充条款并对原有部分条款做出修改。修改部分主要是对原有签订主体进行变更，除此之外还调整了支付条款，改变了支付方式和时间，以减轻即时的税务压力。签约主体变更后，E 公司海外 EPC 合同投资结构如图 4–5 所示。

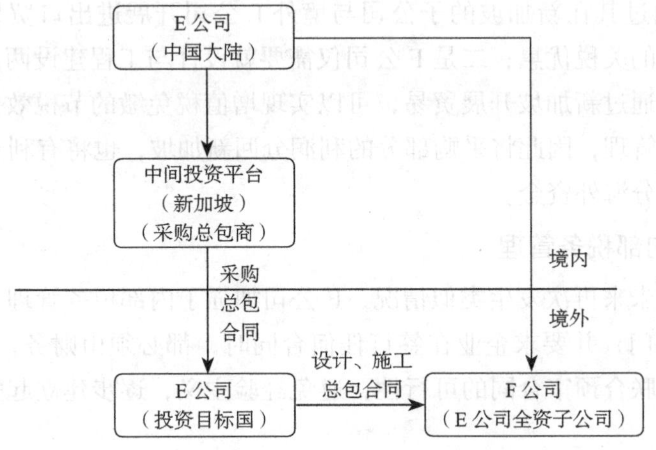

图 4–5　E 公司海外 EPC 合同投资结构

根据专业税务咨询团队的建议，E公司在投资目标国新设立了一家全资子公司F公司，F公司将作为签约主体与原有合资公司L公司签约EPC合同，在节税方面更具优势。因为根据当地税法，分公司或常设机构的应税收入不仅包括自身经营收入，总公司（E公司）与分公司或常设机构进行业务相关活动而取得的收入也可能被税务机构认定为纳税收入范围。此外，在外汇管制方面，该投资目标国针对外资企业在当地设立的分公司也进行严格限制，如分公司从境外母公司获得的资金的登记流程更为复杂，证明文件要求也更为严格，总公司与分公司签订贷款、服务协议等行为也会受到更多限制。如果按照原合同，境外L公司在从总公司E公司获得资金时将会遭遇困难，且项目利润在通过L公司向国内分回时也将有较多限制。但是如果E公司在投资目标国成立新的全资子公司F公司，F公司在履行外管程序要求的前提下，便可以轻松从境外股东获得贷款、签订内部服务协议，向境外股东分配股息也无须由外管当局批准。

补充内容主要是预享受的税收优惠政策明细内容，包括税收优惠享受前提、税收优惠主体和具体优惠内容等，意在合规地享受当地的税收优惠政策，进一步降低双方的税务成本。

3. 针对EPC合同进一步拆分以获取最大税收优惠

在专业税务咨询团队的建议下，E公司将EPC合同中的采购部分分拆出来，E公司仅作为采购服务商通过其在新加坡的全资子公司与海外L公司单独签订采购合同，由L公司负责境外采购的进口清关工作；由海外新成立的全资子公司F公司与海外L公司签订设计、建设承包合同。这样的合同分包安排有以下优势：一是E公司通过其在新加坡的子公司与境外L公司开展进出口贸易业务，可以享受到新加坡的关税优惠；二是F公司仅需要就设计与工程建设两部分缴纳增值税，采购部分通过新加坡开展贸易，可以实现增值税免缴的节税效果。另外，新加坡并无外汇管理，因此将采购部分的利润分回新加坡，也将有利于E公司未来调配使用这部分海外资金。

4. 加强内部税务管理

为了预防未来再次发生类似情况，E公司加强了内部税务管理，积极组建了专门的税务部门，并要求企业在签订任何合同时，都必须由财务、税务、法务、业务等多部门联合预审合同的可行性，避免经验主义，逐步建立起完善的税务风险防控机制。

（四）案例启示

1. 应充分了解投资目标国税制，避免经验主义

在跨国经营中，企业应充分了解投资目标国的税制特点，尤其是与自身业务密切相关的税种和税收政策。这有助于企业准确估算合同税负成本，避免估计不足引发的财税风险。

2. 加强财税专业人员参与

在跨国经营中，企业应邀请财税专业人员参与项目的谈判、成本预估和决策过程。财税专业人员具备丰富的税务知识和经验，能够为企业提供专业的税务分析和判断，帮助企业准确估算合同税负成本，降低财税风险。同时，企业应加强合同流程管理和税务筹划。企业在签订合同时，应保证所有合同在签订前都经过财务、税务、法务和业务等多部门的预审和联合审查。这样可以确保合同中的税务条款符合投资目标国的税法和国际税务规则，且能保证一定的税收优惠，避免潜在的财税风险。

3. 重视税收优惠的备案和审批

“一带一路”沿线很多国家对于基础项目建设都会给予税收优惠和倾斜，但是基本都要求在业务合同中说明预申请的优惠内容并提前备案以获得审批。然而，很多中国企业的投资项目虽然符合当地税收优惠条件，但因为忽视了文件资料提交和申请流程的一些具体要求而使整体项目工期延迟，或者直接错失享受优惠政策的机会，这是非常可惜的。

4. 应合理设置境外合同签约主体

在大多数“一带一路”沿线国家的税法规定中，不同形式的法律主体（如子公司、分公司和办事处等）适用不同的税收规定，对应的可享受的税收优惠政策也可能存在差异。因此，企业在开展境外投资项目尤其是 EPC 项目时，应深入调研项目所在国的税收体系和外汇管理制度，比较子公司、分公司或办事处等不同形式的主体适用的税收政策及外汇政策，选取税务成本较小、税务合规风险较低的方案，合理设置 EPC 合同的签约主体。

5. “走出去”企业应视情况合理拆分 EPC 合同

在筹划 EPC 项目前，企业应深入调研项目可能涉及的税收及外汇管理制度，并通过合理的合同拆分设计最优 EPC 项目执行方案。在进行项目筹划时，企业可以考虑由位于不同国家和地区的不同法律实体承担 EPC 项目中的设计、采购、

建设等工作，以降低项目整体税收成本。

6. 建立财税风险评估机制和应对机制

企业应定期评估自身的税务状况，识别和分析潜在的税务风险，以及制定相应的应对措施。同时，企业还应加强与当地税务机构的沟通和合作，确保企业的税务行为符合当地法律法规的要求。当企业面临税务风险时，应迅速启动应对机制，采取有效措施降低风险影响，包括与税务机构沟通协商、调整合同条款、寻求专业税务咨询等。

7. 灵活调整合同条款

企业在签订合同时，应充分考虑税务政策的变化和理解分歧等因素，为合同条款预留灵活调整的空间。这有助于企业在面临税务政策变化或理解分歧时，能够及时调整合同条款，降低税务风险，保护企业的合法权益。

第二节　天津“走出去”企业常见财税风险的启示

在经济全球化的浪潮下，“走出去”企业面临着前所未有的机遇与挑战。这些企业在拓展海外业务时，不仅需要应对市场、技术、文化等多重因素，还需面对复杂且多样的财税风险。通过深入分析天津“走出去”企业的实际案例，我们可以更清晰地总结出这些企业在对外投资过程中常见的财税风险和问题，为其他“走出去”企业提供借鉴和启示，同时也能够帮助相关部门为“走出去”企业提供更具针对性的财税政策帮扶和服务。

一、投资决策阶段

（一）应重视前期财税调研

一方面，企业仅关注投资目标国（地区）的商业价值而未深入对比了解税收优惠政策，会造成目标国（地区）选择不合理。企业在选择投资项目和地区时，应积极与当地税务部门、专业税务咨询机构或已在该国（地区）投资的企业进行沟通，获取准确的税务信息，尤其是税收优惠信息，如减免企业所得税、提供投资补贴等，为投资决策提供有力支持，以获取更多的税收利益。另一方面，未充分了解投资目标国（地区）的税收法规，包括潜在的反避税调查、过往税收争议等，也会导致财税风险。企业应制定合理的税务筹划策略，以降低税收成本并防范税务风险。不同国家（地区）的税收法规差异很大，只有深入了解并遵守这些法规，才能避免因违反税收规定而遭受罚款或陷入其他法律纠纷。此外，企业还应关注税收法律法规的变化，及时调整自己的税务策略，以应对可能的税务风险。

（二）投资架构设计应合理

许多国家之间签订了税收协定，规定了在何种情况下可以免除或减少对跨国企业的双重征税。企业在投资决策时，应尽量了解和利用这些税收协定，合理规划自己的税务结构，以降低税负。如果企业在投资阶段未能充分考虑财税风险，就可能导致在海外业务中持续遭受双重征税，造成重大损失。以案例中 B 公司为例，该企业在投资初期只重点考虑了投资目的地的商业价值，而忽略了投资架构可能导致的税收风险。如果未能及时调整，就会使得该企业在后期陷入进退两难的境地，不仅无法享受到应有的税收优惠，还可能面临重大的税务风险。因此，企业在投资决策阶段就必须全面考虑财税因素，确保投资决策的稳健性。

二、融资与资本运作阶段

在企业的融资与资本运作阶段，税务筹划、税务合规以及税收优化等成为企业不可忽视的重要环节。这些环节不仅关系到企业的经济利益，还直接关系到企业的长期发展和战略布局。因此，“走出去”企业在拓展国际市场的过程中，必须高度关注税务方面的策略与操作。

（一）要重视融资和资本运作中的税务筹划问题

通过精心策划税务结构，企业可以合法合规地减轻税负，进而降低资金成本，为企业的资本运作创造更多空间。例如，企业可以通过合理利用国际税收协定、选择低税负地区设立分支机构、合理安排资金流动等方式，实现税务筹划的目标。又如，企业可以关注各国政府提供的税收减免、税收抵免等优惠政策，根据自身业务特点选择适合的税收政策。同时，企业还可以通过合理安排业务流程、调整经营结构等方式，实现税收结构的优化。这不仅有助于企业在融资过程中展现更加健康的财务状况，还能提升企业在国际市场上的竞争力。

（二）要重视融资和资本运作中的税务合规问题

在国际市场上，各国税法千差万别，企业在“走出去”的过程中必须严格遵守当地的税收法律法规，包括及时申报税款、正确填写税务报表、遵循税收征管程序等。同时，企业还需要加强内部税务管理，建立完善的税务风险防控机制，确保企业在税务方面不出现任何违规行为。只有这样，企业才能避免因税务问题而陷入法律纠纷，保证融资和资本运作顺利进行。

三、运营管理阶段

在“走出去”企业进入运营管理阶段后，需要持续重视税务合规和税务风险管理。这些环节对于企业的成功和可持续发展具有至关重要的影响。

（一）税务合规意识需要贯穿企业海外投资全程

企业在跨国经营时，必须深入了解并严格遵守投资目标国的税法规定，确保企业的税务行为合法合规。部分“走出去”企业在生产经营平稳之后，可能就放松了对税务合规的重视。例如，未能及时更新税务登记信息、漏报或错报税务数据、未能及时响应税务部门的查询或调查等，这都可能导致企业面临税务违规的风险。

（二）税务风险管理是企业运营管理的重要环节

任何对税法的忽视或违反都可能引发严重的税务风险，甚至可能导致企业面临法律诉讼和巨额罚款。因此，企业需要设立专门的税务团队，负责研究并解读投资目标国的税法政策，在满足税务合规基本要求之外，依据企业的业务特点，提前梳理可预见的税务风险并尽量避免，对意外风险情况做好应急预案处理。因此，“走出去”企业需要逐步建立起完善的风险管理体系，及时发现并应对潜在的税务风险，这包括但不限于建立风险评估机制、制订应急预案、加强内部控制等。通过有效的风险管理，企业可以最大限度地降低税务风险对企业运营的影响，保障企业的稳健发展。

（三）应重视财税同期资料的准备和整理工作

同期资料是企业税务合规和财务报表编制的重要依据，也是税务部门审查和调查的重要参考。企业需要建立完善的同期资料管理制度，定期对资料进行更新和维护，以适应税法政策和会计准则的变化，确保资料的完整性和准确性。例如，案例中D公司就因为未按照合规要求及时报送同期资料，导致投资目标国税务机构对其产生怀疑，开启反避税调查。这不仅给D公司带来了不必要的税务风险，还严重影响了其海外业务的正常运营。因此，企业在运营管理阶段必须高度重视同期资料的准备和整理工作，确保资料的合规性和完整性，为企业的稳健发展奠定坚实基础。

四、利润分配与再投资阶段

（一）注意对外投资结构和持股比例合理性

在利润分配方面，企业首先要确保对外投资结构和持股比例合理，才有可能使得分回利润享受国内税收抵免政策。例如，案例中的C公司原来的投资结构看似控股比例和层级均达到条件，却不满足我国对于境外投资收益抵免的比例要求，错失税收抵免优惠。

（二）注意设计合理的利润分配策略

设计合理的利润分配策略不仅有助于降低企业的税务风险，还能为企业树立良好的形象，为未来的合作与发展奠定坚实的基础。为了避免不当分配引发的税务风险，企业可以聘请专业的税务顾问，确保税务操作的合规性。另外，企业应充分利用税收协定中的优惠条款，保证投资分回收益最大化。

（三）需要为再投资做好充分的市场调研和财税风险评估

通过深入了解当地的市场环境、税收政策、法律法规等信息，企业可以更好地规划再投资方向，避免陷入不必要的财税风险中。

五、退出投资阶段

在退出投资阶段，“走出去”企业需要重点关注税务清算、股权转让以及资金转移等环节的财税风险。

（一）重视税务退出清算

企业应按照投资目标国的税法规定，合理计算并缴纳相关税款，避免税务问题所引发的纠纷。

（二）需要熟悉股权转让流程与操作

企业应充分了解股权转让的税务规定和操作流程，避免操作不当引发的税务风险。例如，企业在股权转让时需要重点关注对境外资产进行全面盘点和评估，确保资产价值的准确性、公允性和合规性。

（三）合法合规地完成税务清算和资金转移

确保在退出投资时能够合法合规地完成税务清算和资金转移。例如，资本退出通常涉及大额资金的转移，这可能包括遵守外汇管理规定、完成必要的税务申报等。

总之，财税问题是“走出去”企业在国际化经营过程中必须高度重视的一环。企业需要在不同阶段采取不同的税务策略和操作，确保税务合规和控制风险，为企业的稳健发展和国际化进程提供有力保障。同时，企业还需要不断学习和了解国际税收政策和法律法规，加强与国际税务机构的沟通和合作。

第三节　天津“走出去”企业现有财税政策应用评价

经过对天津众多“走出去”企业的实地调研与访谈，我们全面掌握了这些企业在财税政策与服务方面的实际运用状况及其所面临的挑战，并针对这些信息进行了综合评价。我们期望这些评价结果能够成为政策制定方未来改进的方向和依据，从而更有效地助力众多“走出去”企业扬帆远航。

一、财政政策的应用评价

（一）财政政策的应用效果

从政策支持的角度来看，天津市人民政府出台了一系列财政政策，旨在鼓励企业拓展海外市场，提高国际化经营能力。这些政策不仅涵盖了前期费用支持、贷款贴息、资源类产品回运、经营场所租赁、研发补贴等多个方面，还通过构建“两个统保扶持＋一个平台服务”模式，为“走出去”企业提供全方位的保障。同时，天津还设立了各类对外合作专项基金、补助资金等项目，以进一步推动企业“走出去”进程。

从企业的角度来看，越来越多的天津企业开始积极利用财政政策拓展海外市场。这些企业通过申请政策扶持、参与政府培训、参加经贸活动等方式，充分利用财政政策优势实现国际化经营。

1.“走出去”企业对于财政政策的认知和利用率不断提高

天津相关部门在推广财政政策方面做了大量工作，包括组织培训、发布政策解读等，使得企业对财政政策有了更深入的了解。这表现在企业不仅利用财政政策缓解资金压力，还学习通过政策引导优化海外投资策略，提高投资效益。同时，企业也积极利用财政政策提供的风险保障机制，降低海外投资的风险，增强自身的竞争力。

2. “走出去”企业在财政政策的学习和利用方面更加主动、积极，专项培训的参与度逐步提高

一些企业在财政政策的鼓励和支持下，成功开拓了海外市场，提升了自身的竞争力和品牌影响力。例如，天津一些企业利用政府提供的贷款贴息政策，成功获得了低息贷款，有效缓解了企业在海外投资过程中的资金压力；此外，还有多家企业通过财政政策支持，成功开展了对外劳务合作业务和跨国工程项目。

3. “走出去”企业在运用财政政策时更加注重策略性和长期性

一些大型企业和具有国际化视野的企业，不仅关注眼前的资金支持，也更加注重通过财政政策来优化自身的海外布局和发展战略。例如，一些企业会结合当前财政政策，在海外投资项目中优先选择符合国家新兴战略产业方向的项目，以期获得更多的财政支持和更大的发展空间，同时也借力国家政策完成产业转型。

4. “走出去”企业在运用财政政策时展现出一定的创新性

企业结合自身实际情况和市场环境，灵活运用各种财政政策工具，制定出符合自身发展需要的投资策略和风险管理方案。例如，一些企业通过创新融资方式、拓展融资渠道等方式，与国际知名企业达成合作，实现了技术、品牌和市场等方面的升级，进一步提升了财政政策的利用效果。

（二）财政政策的应用问题

1. 部分“走出去”企业在海外投资过程中，存在过于依赖财政政策的情况

这表现在企业在做投资决策时，往往过于看重财政政策所带来的短期利益，而忽视了项目本身的长期盈利能力和市场潜力；或是仅想单纯依靠财政补贴谋求稳定，导致企业发展受限甚至停滞。财政政策虽然可以为企业提供一定的资金支持和风险保障，但并不能完全替代企业在市场中的竞争力和适应能力。如果企业过于依赖政策而不懂灵活变通，未能充分了解和适应目标市场的竞争环境和消费者需求等，就可能导致投资决策失误，进而影响投资收益。

2. 部分“走出去”企业对财政政策的适用范围和操作方式了解仍有不足

财政政策针对不同的行业、投资领域和地区往往有不同的规定和要求。然而，一些企业可能未能准确了解政策的具体适用范围，或者对政策的申请、审批和使用流程不熟悉，导致政策利用效果不佳。这可能导致企业在申请财政支持时遇到

困难，或者在使用过程中出现偏差和误解，从而影响政策的实施效果。

3. 部分“走出去”企业在协调运用财政政策和其他政策方面的能力有待加强

财政政策需要与金融政策、产业政策等其他政策相互配合，才能发挥最大合力。造成当前企业运用政策效果欠佳的原因除了企业自身综合财税应用能力不足，政策制定部门之间的协调和配合不够紧密与政策碎片化现象也在一定程度上影响了政策效果的发挥。

二、税收政策及服务应用评价

（一）税收政策及服务的应用效果

1. 在税收优惠政策方面，很多“走出去”企业已经认识到合理利用相关政策来降低税负的重要性

通过满足政策规定的条件，享受减免税款等方式，企业能够间接增加可支配收入。例如，案例中的A公司，积极利用当地的税收服务，主动加强与当地税务部门的联络，以合理利用税收优惠。此外，越来越多的企业开始关注研发费用加计扣除、科技成果转化奖励等投资型税收优惠政策，以政策优惠为动力来激励自身创新和研发，进一步推动产业升级和技术进步。

2. 在税收协定方面，较多“走出去”企业已经有意识地利用税收协定来避免双重征税、降低税收风险

企业积极与国内外税务机构进行沟通和合作，了解和利用税收协定提供的优惠措施。同时，企业还通过合理规划和调整自身的组织架构、运营模式等，进一步降低税负，提高税收效率。例如，案例中的B公司就是在税务咨询机构的建议下，通过设立中间投资平台来优化海外投资股权结构，成功降低了在海外投资过程中的税负，提高了企业的整体效益。

3. “走出去”企业税收筹划意识和能力不断提升

企业通过深入研究目标市场的税收法律法规和政策，结合自身的经营特点和需求，制订出合理的税收筹划方案，有效降低了税收成本，提高了企业的整体效益。此外，“走出去”企业在税收筹划方面的创新意识也在不断增强。企业不再满足于传统的税收筹划方式，而是积极探索新的筹划方法和策略，如通过跨境投资、贸易等方式来优化税收结构，实现税收效益最大化。

4. “走出去”企业税收合规意识显著增强

企业会主动了解并遵守目标市场的税收法规，确保在海外经营活动中合法合规，避免税收违规引发的法律风险和经济损失。此外，企业也越来越重视税务同期资料的准备和保管，如很多企业在初始决策海外投资目的地时就会联系海外会计师事务所咨询当地同期资料的准备难度、税务部门检查资料的频率与严格程度，提前考虑由信息不全或错误导致的税务风险大小。

5. “走出去”企业开始逐步建立税收风险管理体系

较多企业已经认识到税收风险管理对于海外投资的重要性，它们通过设立专门的税务风险管理部门或岗位、定期进行税务审计等措施，加强对税务风险的识别、评估、监控和应对，确保在海外经营活动中能够及时发现并解决税收风险问题。同时，企业还加强了与国内外税务机构、会计师事务所等机构的合作，共同构建税收风险管理网络，提高税收风险管理的效率和准确性。此外，企业通过建立有效的信息收集和分析机制，更全面地了解了不同国家和地区的税收环境，为企业的战略规划和投资决策提供了有力支持。

（二）税收政策及服务的应用问题

1. “走出去”企业在理解和应用税收政策时仍面临困难和不确定性

不同国家和地区的税收制度、法律法规和政策存在差异，如在跨国并购中，企业可能不熟悉投资目标国的税收政策，导致并购成本增加或并购后整合困难。出现这个问题的原因一方面是企业在“走出去”之前对目标市场的税收环境缺乏深入的了解和研究，以及缺乏与当地税务机构的沟通和合作。另一方面，企业自身的国际税收专业能力有限，缺乏相应的国际税收人才，因此难以有效应对复杂多变的税收环境。

2. 企业对税收优惠政策申请流程不熟悉，存在申请畏难情绪

虽然“走出去”企业已经意识到税收优惠政策的重要性，但在实际操作中，企业仍存在对申请流程不熟悉、存在申请畏难情绪等问题，导致无法充分利用政策优惠。这可能是因为相关政策的宣传和指导不到位，且企业缺乏专业的税务人才。因此，企业需要加强对相关税务人才的培养和引进，同时积极参与政府组织的税务培训和宣传活动，提高政策应用能力和效果。

3. 尽管税收服务体系不断完善，但一些"走出去"企业仍面临税收服务不足的问题

这主要是由于国际税收环境的多样性及复杂性，国内税务服务仍存在一些盲区和不足，无法完全满足企业的需求。此外，一些地区或行业的税收服务资源可能相对匮乏，难以满足企业的实际需求。

4. 部分"走出去"企业在税收筹划方面过于保守，缺乏创新和灵活性

企业过于关注短期税收成本，而忽视了长期综合效益，这可能导致企业在海外投资过程中错失良机，影响企业的整体竞争力。为了解决这个问题，企业需要转变传统的税收筹划观念，以更开放和创新的思维来制订税收筹划方案，以更好地平衡短期和长期综合效益。

5. 税收风险管理体系可能浮于表面

虽然一些"走出去"企业已开始建立税收风险管理体系，但仍然存在形式大于实质、风险预警机制无法有效发挥作用等问题。这导致企业在面临税收风险时无法及时做出应对，影响企业的稳健发展。

6. 过分追求税收优惠利益最大化

一些"走出去"企业在享受税收优惠政策的同时，可能忽视了企业自身的社会责任和可持续发展。例如，一些企业可能会利用税收优惠政策过度避税，追求利益最大化而忽视了其对社会和环境的贡献，这种行为会极大地影响企业的声誉和长期发展。

第四节　天津"走出去"企业急需的财税支持政策及服务

"走出去"企业在海外投资经营的过程中，不仅面临着市场竞争、文化差异等挑战，还需要应对复杂的财税风险和政策应用问题。虽然当前财税部门及相关部门已经提供了较多优惠政策及服务，但是在调研过程中我们发现一些企业仍存在较多困难或者感到迷茫。因此，在当前国际经济环境复杂多变、税收政策不断调整的背景下，如何为"走出去"企业提供有效的财税支持和服务，成为一个亟待解决的问题。

针对“走出去”企业常见财税风险以及在现有财税政策应用上所面临的问题和挑战，结合天津“走出去”企业的实际调研情况，我们按照海外投资阶段划分（投资决策、融资与资本运作阶段、运营管理阶段、利润分配与再投资阶段、退出投资阶段），整理出各阶段企业急需的财税支持政策和服务，希望能够为相关部门更好地服务“走出去”企业提供改进的参考。

一、投资决策阶段

（一）扩大初始投资财政支持范围

通过调研我们发现，初始进入海外市场或开展海外投资的企业希望能够得到更多、更便利的启动资金支持来降低初期资金压力。另外，很多企业虽有海外经营或投资意愿，但是对于初始垫资和风险多有顾虑，便会选择暂时放弃海外投资计划。因此，如果政府可以加大对“走出去”企业的初期资金支持力度，就会减轻企业的资金压力，鼓励更多的企业走向海外。

（二）提供投资决策支持服务

在投资决策阶段，由于对于目标市场的税收环境、法律法规和政策缺乏全面了解，企业常会陷入目标市场选择的困境。因此，很多企业希望政府能够提供相应的决策支持服务，或者提供第三方机构咨询服务补贴，帮助企业更好地了解目标市场的税收环境、法律法规和政策以完成投资决策。

（三）为新加入海外市场的“走出去”企业提供更多的税收优惠政策

对于投资于特定领域或地区（如高新技术产业、资源型产业、发展中国家等）的企业可以给予更加优惠的税收政策。例如，对于投资于发展中国家或特定地区的企业，可以给予一定期限内的免税或减税政策，这样不仅可以减轻企业的税收负担，帮助其更好地适应海外市场环境，还能鼓励企业积极参与国际经济合作，扩大海外影响力。同时，简化税收优惠政策申请流程，明确申请条件、所需材料和审批程序，并提供详细的申请指导，降低企业的申请难度，鼓励企业积极利用政策优惠。

（四）为“走出去”企业推荐专业的财税专家，协助组建海外财税专业人才库

根据调研，很多企业对于专业的海外财税人才需求十分强烈，但是往往难以找到合适的人选。因此，如果相关部门能够搭建一个海外财税专业人才库，或者

一对一推荐专业的财税专家给企业，将会较好地减轻企业在人才方面的困扰，更好地为企业海外经营保驾护航。

二、融资与资本运作阶段

（一）为"走出去"企业提供更为宽松的融资政策支持

在该阶段，企业往往面临着资金筹集的困难和成本考量。根据调研，很多"走出去"企业都期望政府能提供更为宽松的融资政策支持，如优惠贷款、担保支持或贷款贴息等，使企业不再为筹资犯难。此外，很多企业认为当前的优惠贷款还款周期较短，如能进一步予以宽限，将极大地缓解未来的经营压力。

（二）财政部门应协调其他部门简化"走出去"企业融资项目审批流程

在资本运作过程中，企业通常会涉及跨境资金流动、外汇管理等方面的问题。很多企业的资金需求较为紧急，如果能够简化申请流程，就能降低企业的沟通成本，使资金按时到位，提升企业的资本运作效率和灵活性。

（三）为"走出去"企业提供税收合规指导和培训服务

很多"走出去"企业虽然知晓税收合规在企业海外投资经营中的重要性，但是并不知道如何有效地进行税收合规操作，尤其是对于不同国家和地区的税收政策、法律法规和合规要求缺乏深入了解。因此，它们希望政府在初始阶段能够提供更为具体的税收合规指导服务和培训，以帮助企业在初始阶段就建立稳固的税收合规基础，避免未来在运营过程中因税收问题而陷入困境。

（四）为"走出去"企业提供税收协定和避免双重征税指导服务

在跨境资本运作过程中，避免双重征税是企业十分关注的问题。由于不同国家之间的税收协定和避免双重征税政策存在差异，企业往往难以准确理解和应用。因此，企业希望政府能够提供更为详细的税收协定和避免双重征税服务，如具体的政策解读、申报指导和咨询服务等，以帮助企业在跨境资本运作中更好地规避双重征税风险。

三、运营管理阶段

（一）为"走出去"企业提供税收风险防控建设支持

"走出去"企业需要政府协助共建海外投资税收风险预警机制。根据前期调研可知，虽然较多“走出去”企业已具备税收风险管理意识，但是其建立的税收风险预警机制难以发挥实质作用。原因是，实时动态的海外投资税收风险预警机制需要企业投入大量的人力、物力和财力维持才能发挥效果，中小企业难以有稳定资金持续地投入建设。如果政府能够协助企业共建海外投资税收风险预警机制，将会极大地减轻企业的负担，提高税收风险管理的效率。

（二）协调多部门为“走出去”企业提供更具针对性的保险服务建议和支持

随着企业海外投资规模的扩大，海外投资面临的风险也相应增加，如政治风险、自然灾害、海外合同纠纷等。这些风险一旦发生，可能会对企业的海外投资造成重大损失。因此，企业需要购买相应的保险来规避这些风险，确保投资安全。然而，由于针对不同国家和地区的保险市场存在差异，企业往往难以选择合适的保险产品。此时就需要政府协调多部门为“走出去”企业提供更具针对性的保险服务建议和支持，以确保企业的海外投资安全得到充分的保障。

（三）“走出去”企业需要更精准的税务培训服务

由于各个国家的税收协定内容、税收优惠政策都有所差异，企业在实际应用时常会遇到困难。虽然目前已有的官方财税服务和指导资料较为丰富，但是即使是同一投资目标国，不同行业和企业之间的海外财税风险差异也很大。很多企业面对大量通用资料和服务并不知道如何选择，所以政府需要对现有财税指导资料和服务进一步细分，分行业或企业精准投送，提高服务效率。

（四）为“走出去”企业提供海外税收筹划服务补贴

对于许多企业来说，即使企业招募到专业的国际税收人才，海外税收筹划对于企业来说也依然是一项复杂而耗时的艰难任务。主要是因为海外税收筹划工作量较大且需每年进行调整，通常需要专业团队协作才能完成。由于资源有限，许多企业尤其是中小企业在这方面往往感到力不从心。一般来说，专业的海外税收筹划服务通常只有国际性税务师事务所等才有能力承接，报价往往较高，很多中小规模的海外投资企业只能望而却步。因此，政府可以考虑与特定税务师事务所等建立合作，为企业提供专项海外税收筹划服务补贴，鼓励企业积极寻求专业的财税咨询服务。

（五）政府主动跟进“走出去”企业并提供税务争议解决支持

“走出去”企业在海外经营中可能会遇到各种税务争议和纠纷，这对企业的正常运营和长期发展都可能产生不利影响。很多企业出于成本、时间和声誉等因素的考虑，往往选择妥协处理这些问题。然而，这种消极态度可能会使企业在海外市场的竞争力下降，甚至面临法律风险和经济损失。因此，政府需要跟进"走出去"企业，主动为其提供税务争议解决支持，帮助企业维护自身的权利和利益。

四、利润分配与再投资阶段

（一）为"走出去"企业提供利润分配税务指导

这一阶段，海外投资企业通常需要向国内汇回利润，除去企业自身投资架构的影响，纳税金额还受到各国税务政策的影响。政府可以组织专业机构，根据"走出去"企业的具体情况，提供利润分配税务指导，包括税务筹划、合规操作等，帮助企业在合理、合法地汇回利润的同时节约税务成本。

（二）为"走出去"企业提供再投资财税建议

对于"走出去"企业来说，再投资是一个重要的战略选择。然而，再投资也面临着各种税务风险和挑战。政府可以联合税务、财政等多部门，考虑企业当前发展现状和资金情况，结合我国海外发展布局情况，利用资源和信息优势，帮助"走出去"企业完成再投资目的地选择，提供配套的财税支持建议。这样不仅可以帮助企业提高再投资效益，还能推动我国海外投资布局的优化。

五、退出投资阶段

（一）为"走出去"企业提供税务清算和合规操作指导

在退出投资阶段，税务清算是十分重要的一个环节，必须确保投资过程的合法性和规范性。然而，经过调研发现，很多企业在这个阶段遇到过税务风险，主要是由于不同国家和地区的税收法律法规和操作流程存在较大差异，企业很难准确理解和执行。还有部分企业考虑到已经要退出投资，便选择直接忽视税务清算一走了之，给企业留下了潜在的税务风险和经济损失。因此，税务部门需要做好该阶段的税务合规提示，为"走出去"企业提供专业的税务清算操作指导服务，避免因主观忽视或操作不当而埋下税务风险隐患。

（二）提供退出投资税务风险评估服务或咨询服务补贴

在退出投资阶段，企业需要对整个投资项目的税务风险进行全面的评估和审查，以确保没有遗漏或错误。在此阶段，很多企业可能会面临现金流紧张问题，故并不想为此付出过多的成本。此时，相关部门可以考虑为企业提供退出投资税务风险评估服务或咨询服务补贴，减轻企业的经济压力，同时帮助企业消除税务风险隐患。

（三）协助"走出去"企业与东道国税务机构的沟通

在退出投资过程中，企业可能会与东道国税务机构产生一些争议或纠纷，这些问题需要及时妥善解决以确保企业顺利退出市场。我国的税务部门可以在必要时通过双边税务合作机制，协助"走出去"企业与东道国税务机构进行沟通，解决争议和纠纷，维护企业的合法权益。

（四）为"走出去"企业提供资产处置方面的税收优化咨询服务

很多"走出去"企业在退出投资阶段，往往忽略资产处置存在的税务成本问题。如果处置资产总额较高，那么税务优化更为重要。因此企业希望税务部门能够为"走出去"企业提供资产处置方面的一些税收优化咨询服务，包括如何合理评估资产价值、如何选择最佳的处置方式，以及如何在遵守税法的前提下降低税负等。通过这些咨询服务，企业可以更加高效地进行资产处置，降低税务风险，提升整体的投资回报率。

第五章　助力天津“走出去”企业参与“一带一路”倡议的财税政策研究

第一节　天津促进企业“走出去”财税政策梳理

在当今经济全球化的时代背景下，天津市人民政府深知“走出去”战略对于企业发展的重要性。为了进一步鼓励和扶持企业开拓国际市场，天津制定了一系列具有针对性的财税政策。这些政策旨在降低企业海外拓展的门槛、提高企业的国际竞争力，为企业进军国际市场提供坚实的政策保障。本节对近年来天津促进企业“走出去”的财税政策进行详细的梳理和分析，探究这些政策如何助力企业扬帆远航并走向世界舞台。

一、财政政策

（一）《2015 年度天津市服务业专项资金项目申报指南》

该指南明确了专项资金重点支持领域、申报项目应具备的条件、支持标准、项目申报程序等内容。

2015 年专项资金重点支持领域如下。

①在金融创新、科技信息、文化创意、商务服务、社会服务等领域实现突破性发展、发挥引领作用的重点项目。

②在研发设计、融资租赁、检验检测认证、电子商务、商务咨询、售后服务、人力资源服务和品牌建设等领域推进制造业转型发展的生产性服务业项目。

③在借重首都资源、推动京津冀协同发展和加快建设“一带一路”重要结合

点中发挥带动作用的重点服务业项目。

④具有示范带动作用的各类服务业集聚区公共服务平台项目及为促进集聚区发展制定的发展战略、产业发展、功能定位等规划类服务业项目。

（二）《关于促进天津市外贸综合服务企业发展三年行动方案》

为贯彻落实《国务院办公厅关于促进进出口稳定增长的若干意见》（国办发〔2015〕55号）和《关于印发〈中国（天津）自由贸易试验区总体方案〉主要任务和措施分解清单的通知》（津自贸办〔2015〕2号）等，促进天津市外贸综合服务企业加快发展，2015年制定的《关于促进天津市外贸综合服务企业发展三年行动方案》的主要内容如下。

①规范外贸综合服务试点企业认定条件和程序。

②制定支持措施，包括企业注册支持措施、海关通关便利措施、出口退税便利措施、检验检疫便利措施、开拓国际市场支持措施、提供优质融资服务、加大出口信用保险服务力度、财政扶持措施。

③制定保障措施。一是政府各部门形成工作合力。建立由相关部门组成的工作联席会机制，各司其职，形成合力，促进天津市外贸综合服务企业发展，及时研究协调解决问题并定期通报信息。各区县建立健全相应的工作协调机制，强化部门间的协作配合，确保促进外贸综合服务企业发展措施落到实处。二是加大服务力度。三是规范企业发展。

（三）《进一步深化中国（天津）自由贸易试验区改革开放方案》

该方案形成于2018年5月，其指导思想如下：高举中国特色社会主义伟大旗帜，全面贯彻党的十九大精神，以习近平新时代中国特色社会主义思想为指导，贯彻落实党中央、国务院决策部署，统筹推进"五位一体"总体布局和协调推进"四个全面"战略布局，坚持稳中求进工作总基调，坚定践行新发展理念，坚持以供给侧结构性改革为主线，以制度创新为核心，以风险防控为底线，继续解放思想、先行先试，对标国际先进规则，赋予自贸试验区更大改革自主权，以开放促改革、促发展、促创新，推动形成全面开放新格局。在更广领域和更高层次探索全面深化改革、扩大开放的新路径、新模式，进一步厘清政府与市场的关系，着力构建与国际接轨的高标准投资贸易规则体系，严守风险防控底线，努力将自贸试验区打造成为服务"一带一路"建设和京津冀协同发展的高水平对外开放平台，取得更多可复制可推广的制度创新成果。

（四）《中共天津市委 天津市人民政府关于进一步促进民营经济发展的若干意见》

为深入学习贯彻习近平新时代中国特色社会主义思想，认真落实习近平总书记在民营企业座谈会上的重要讲话精神，全面落实“天津八条”，践行“产业第一、企业家老大”理念，有效激发民营经济活力，着力破解制约民营经济发展的突出问题，充分发挥民营经济在推动天津高质量发展中的重要作用，2018 年 12 月，天津市委、天津市人民政府提出如下意见。

①减税降费：大力减免涉企行政事业性收费，全面取消城市基础设施配套收费，地方权限内税费按法定税率最低水平执行，切实减轻企业社会保险费负担，深入落实国家各项减税政策，清理、规范涉企中介收费和各类保证金，实施企业用地优惠政策，实行高速公路差异化收费。

②政策奖励：政府采购定向支持，加强金融政策支持，实施企业自主研发经费奖励，助力民营企业总部经济发展，支持民营企业开拓国（境）外市场（“一带一路”沿线国家和地区）。

③优化营商环境：落实市场准入领域“非禁即入”，切实保护民营企业家人身和财产安全，公正司法为民营企业发展保驾护航，加强知识产权保护，畅通政企沟通渠道，持续改善营商环境。

（五）《2019 年天津市企业提升国际化经营能力项目申报指南》

2019 年，为全面落实民营经济“19”条，推动天津市外贸稳定增长，天津市财政局加大资金支持力度，配合天津市商务局印发《2019 年天津市企业提升国际化经营能力项目申报指南》，并通过门户网站主动公开，助力企业开拓国际市场。

该申报指南对项目申报基本条件、支持范围、申报程序等进行了规范，明确了境外商标注册项目支持内容，对新兴市场、“一带一路”沿线国家和地区项目提高了支持比例，鼓励企业积极开拓国际市场，加快“走出去”步伐，不断提高国际影响力。

2021 年，《2021 年天津市企业提升国际化经营能力项目申报指南》印发；2023 年，《2023 年天津市企业提升国际化经营能力项目申报指南》印发。这两个文件均对企业发展有积极影响。

（七）《市商务局 市财政局关于 2021 年地方外经贸发展资金国家级境外经贸合作区事项申报工作的通知》

2021 年，天津市财政局、天津市商务局联合制定印发该通知，支持对象为商务部、财政部确认的境外经济贸易合作区项目；支持方式为对合作区实施企业或建区企业在境内外银行取得的专项用于合作区建设的 1 年期以上外币贷款给予贴息；支持标准为外币贷款年贴息率不超过 3%。

（八）《天津市“走出去”企业海外投资保险统保平台三年工作方案（2021—2023 年）》

①精准助力小微企业提升国际化水平，对小微企业给予 100% 保费扶持。

②聚焦国家战略，对在“一带一路”共建国家、《区域全面经济伙伴关系协定》成员国等投资项目的非小微企业，给予 70% 保费扶持。

③积极推广政策，对 2021—2023 年新投保项目首年给予 100% 保费扶持。

二、税收政策

（一）税收条约

1. 多边税收条约

多边税收条约包括《多边税收征管互助公约》《金融账户涉税信息自动交换多边主管当局间协议》《实施税收协定相关措施以防止税基侵蚀和利润转移的多边公约》。

2. 避免双重征税条约

截至 2023 年 12 月底，我国已与 111 个国家（地区）正式签署了避免双重征税协定，其中与 105 个国家（地区）的协定已生效。

3. 税收情报交换协定

截至 2023 年，我国已与 10 个国家（地区）正式签署了税收情报交换协定。

（二）《中国居民赴某国家（地区）投资税收指南》

该指南的内容由国家税务总局委托各地税务机关在开展境外税收政策研究时搜集，根据对外投资需要进行整理，并在国家税务总局网站发布。该指南编制的目的是给纳税人提供对外投资的税收制度介绍，并注明法律法规更新日期。由于税收法律法规变化、翻译及理解偏差等，不能保证内容与对方国家（地区）税收制度完全一致，具体税收法律法规和纳税流程以对方国家（地区）正式发布内容为准。该指南仅做参考，不具有实务意义，纳税人需自行咨询相关国家（地区）确认核实。

（三）《“走出去”税收指引》（2021 年修订版）

《“走出去”税收指引》（2021 年修订版）共分四章，从税收政策、税收协定、管理规定及服务举措四个方面，按照适用主体、政策（协定）规定、适用条件、政策依据详细列举了“走出去”纳税人涉及的 99 个事项。相关政策文件截至 2021 年 9 月 30 日。

《“走出去”税收指引》（2021 年修订版）为我国“走出去”纳税人提供税收法律法规方面的指引，帮助纳税人有效规避税收风险，为优化营商环境、促进贸易畅通和投资便利做出积极贡献。

（四）《海外税收案例库》

《海外税收案例库》由国家税务总局组织各地税务机关根据境外媒体公开报道的税收案例编译整理，在国家税务总局网站发布，目的是帮助“走出去”纳税人有效防范和应对境外税收风险，了解通过法律程序解决涉税争议的方法，依法维护自身权益。

各国（地区）法律法规不同，同一案件在不同国家（地区）审理可能会有不同结果。该案例库内容不能作为法律意见或依据。需要指出的是，纳税人在海外遇到税收争议时，可能存在和解、诉讼、仲裁、相互协商等多种法律救济渠道，纳税人应在充分寻求专业法律意见的基础上做出合理选择。

（五）“一带一路”税收征管合作机制

“一带一路”税收征管合作机制为非营利性的官方合作机制，由理事会、秘书处、“一带一路”税收征管合作论坛、“一带一路”税收征管能力促进联盟，以及专家咨询委员会构成。

2019 年 4 月 18 日，“一带一路”税收征管合作机制在中国宣告成立。34 个国家和地区税务部门在浙江乌镇共同签署《“一带一路”税收征管合作机制谅解备忘录》，标志着“一带一路”税收征管合作机制正式成立。

共建“一带一路”国家和地区要积极利用好税收征管合作机制，求同存异，加强税收征管协调对接；立足于“一带一路”建设现实需求，围绕加强征管能力建设、加强税收法治、加快争端解决、提高税收确定性、通过征管数字化提升纳税遵从等，制订务实合作行动计划，为跨境纳税人带来实实在在的好处；积极搭建互学互鉴实用平台，及时分享实践经验。

三、天津市“特色化”财税服务

（一）“两个统保扶持+一个平台服务”风险防控体系

天津陆续制定并出台支持政策，以推动企业“走出去”并在海外投资，具体包括海外投资保险和境外人身意外伤害保险补助，以及对外投资联络服务平台建设。

海外投资保险和境外人身意外伤害保险补助：政府对企业投保海外投资保险和境外人身意外伤害保险的保费给予补助。这项政策旨在帮助境外企业降低运营成本，提升应急处置能力，从而增强企业在海外经营的信心。海外投资保险的补助可以为企业提供保障，使其在面临风险和不确定性时能够稳定经营。境外人身意外伤害保险补助则有助于保护企业员工和相关人员的利益，为他们提供安全的工作环境。

对外投资联络服务平台建设：政府推动建设对外投资联络服务平台，以支持企业积极接入。该平台旨在提高信息传递效率，为企业提供及时有效的指导和帮助。对外投资联络服务平台可以为企业提供全方位的服务和支持，包括市场咨询、政策解读、项目指导等。这有助于企业更好地了解和适应目标市场的环境和要求，从而提高投资决策的准确性和效果。

通过这些支持政策，天津为企业“走出去”提供了全方位的支持和保障。海外投资保险和境外人身意外伤害保险补助降低了企业的运营成本，提升了应急处置能力，增强了企业在海外经营的信心。同时，对外投资联络服务平台的建设为企业提供了及时有效的指导和帮助，提高了企业在海外投资过程中的信息传递效率。这些政策为企业的海外投资提供了良好的环境和支持，促进了企业的健康发展和竞争力的提升。

（二）“企业自主申报，商务部门审核，财政拨款支持”支持服务贸易创新发展项目

根据天津市支持服务贸易创新发展项目申报指南的要求，服务贸易的资金支持主要包括三个方面。

支持服务贸易（服务外包）公共服务平台建设：对为服务贸易企业提供共性技术支撑、云服务等公共服务的平台建设给予支持。这些平台可以帮助企业提高

效率、降低成本，并提供技术支持和资源整合服务。政府通过资金支持鼓励企业建设更加完善和先进的公共服务平台，提升服务贸易产业的整体水平。

鼓励服务贸易重点服务业务进口和技术出口业务：对企业向境外实施的技术转让、技术服务，以及引进国内急需的知识密集型、技术密集型重点服务给予贴息支持。这种支持可以降低企业在技术转让和服务贸易过程中的成本，促进技术和服务的跨境流动。政府通过贴息支持鼓励企业拓展国际市场，推动服务贸易的发展。

鼓励承接国际服务外包业务：对服务外包企业开展技术研发设计、品牌建设等国际服务外包业务给予支持。这种支持可以帮助企业提升自身的技术能力和品牌影响力，进一步拓宽市场空间。政府通过资金支持鼓励企业积极承接国际服务外包业务，推动服务贸易的快速发展。

通过以上三个方面的资金支持，政府为服务贸易的创新发展提供有力的支持。在财政资金的支持下，支持服务贸易（服务外包）公共服务平台建设、鼓励服务贸易重点服务进口业务和技术出口业务、鼓励承接国际服务外包业务等举措，为企业创造了发展的机会和条件。这些政策有助于促进服务贸易的快速发展，提升服务贸易产业的竞争力和质量水平。

（三）"税路通·e企津彩"税务服务品牌

国家税务总局天津市税务局推出的"税路通·e企津彩"服务品牌旨在为纳税人提供更加便捷高效的线上、线下办税通道和服务渠道。该服务品牌包括5大类共16项具体服务举措，通过数字化手段和电子方式提供精准推送和便捷服务，满足跨境纳税人、缴费人的需求。

其中，税务部门通过建设电子税务局等数字化平台，为纳税人提供线上办税服务。纳税人可以通过电子税务局进行申报、缴费等操作，实现线上办税的便捷和高效。此外，税务部门还综合运用微信公众号、纳税人课堂、可视化答疑等电子方式，为纳税人提供更加便捷的服务。通过微信公众号等平台，纳税人可以获得最新的税务政策解读、常见问题解答等信息。

"税路通·e企津彩"服务品牌着重满足跨境纳税人的需求，帮助他们更加便捷地享受服务。通过精准推送，税务部门可以将相关信息和政策直接推送给跨境纳税人，使其第一时间了解和掌握最新的税务动态。此外，利用可视化答疑等电子方式，纳税人可以通过图文、语音等形式获取对税务问题的解答，进一步提高办税的效率和准确性。

为推动政策直达快享，国家税务总局天津市税务局创新推出《"一带一路"掌中宝》《海工"一带一路"投资税收指南》《海洋石油版"走出去"企业纳税指引》等便捷政策工具；通过"纳税人云学堂"发布原创网络微课32期、专题4期，以场景对话形式回答跨境纳税人、缴费人关心的涉税问题，有效化解"走出去"企业境外投资难点、堵点。该税务局制作发布的《国别税收资讯播报》，系统梳理了天津"走出去"企业分布相对集中的国家（地区）的税收资讯，助力企业快速熟悉境外投资目的地的基本税收信息。

（四）打造"走出去"企业"一企一策"纳税服务与遵从品牌

天津市税务部门开展多种形式的活动服务"走出去"企业。举办"走出去"企业座谈会，邀请辖区"走出去"企业介绍其境外投资的经验，与会企业对境外投资中遇到的财务管理、抵扣凭证、风险管控等问题进行深入交流，取得很好的效果。举办题为"'专+'请进来，助力'走出去'"的税收公益讲座，发挥"中介机构专家团队+税务机关专业化管理+政府部门专业化服务"机制的融合作用，主动对接企业发展需求，为百余家"走出去"企业提供精准税收服务，解除企业发展的后顾之忧。围绕"优服务、维权益、防风险"，全方位、多角度地为"走出去"企业出谋划策、保驾护航，制作《"走出去"税收指引》光盘，提供给辖区内的"走出去"企业，并利用航运产业周和航空论坛向企业发放，宣传境外税收政策。

为确保新增的"走出去"企业能被纳入税务部门的清册管理，天津市税务部门采取了一系列措施：每年从天津市商务局获取上一年度新增的"走出去"企业名单，要求系统内各单位进一步核实并确认这些企业的相关信息，并下发工作提示，指导各单位按照规定填报清册。

为确保清册数据的准确性和规范性，天津市税务部门根据征管数据逐项比对和核实，并与相关部门协调，使用现有的征管数据与企业提供的信息进行对比，确保清册数据的真实性和准确性。这种核对和核实的过程有助于天津市税务部门及时发现信息不符或不完整的问题，并及时纠正和补充。

通过这种严格的清册管理制度，天津市税务部门能够确保清册数据的准确性和规范性。同时，天津市税务部门还积极督促企业报送税务信息，在税务征管方面促进了"走出去"企业的纳税遵从。这种制度和流程的建立可以增加企业的纳税意识，提高企业的纳税自觉性，确保企业履行纳税义务，并保障税收的稳定征收。

天津市税务部门通过采取一系列措施和具体操作，确保新增的“走出去”企业能被纳入清册管理，对企业的纳税遵从起到了积极的促进作用。这种管理制度的建立和实施，旨在加强税收管理，确保税收的稳定征收，为企业“走出去”提供支持和保障。

第二节　天津促进企业“走出去”财税政策影响

天津促进企业“走出去”财税政策在促进企业“走出去”方面发挥了至关重要的作用。这些政策为企业提供了丰富的资金支持和税收优惠，有效降低了企业的经营成本，显著提高了企业的市场竞争力。通过这些政策的实施，企业得以更加灵活地应对市场变化，把握更多的商业机会。

天津促进企业“走出去”财税政策还有助于企业更好地了解海外市场，掌握市场动态和需求。通过与海外企业的合作与交流，企业能够进一步扩大经营规模，拓展国际业务，提高国际化水平。这些政策为企业提供了宝贵的支持和指导，使其在国际化进程中更加稳健和自信。

天津促进企业“走出去”财税政策为企业“走出去”提供了坚实的后盾，使企业能够在激烈的国际竞争中立足。通过不断完善和优化这些政策，天津将继续吸引更多的企业走向国际舞台，为经济的持续发展注入新的活力。

天津促进企业“走出去”财税政策的影响主要包括以下方面。

一、增强企业国际竞争力

财税优惠减轻了企业的税负和成本压力，使它们在国际市场上的产品和服务价格更具有竞争力。此外，政策支持还有助于企业提高产品质量和服务水平，加强品牌建设，提升企业整体竞争力。

（一）降低企业运营成本

天津实施的一系列财税激励措施，如财政奖励、减税、退税和关税减免等政策，能显著减轻企业在生产制造和国际出口中负担的财务压力。税收优惠直接影响企业的成本结构，使产品生产成本得以大幅下降。通过这样的政策利好，企业得以释放出更大的价格弹性，在激烈的全球市场竞争中更具优势，提供更富有竞争力的价格，从而赢得更大的市场份额。简言之，政府的这些税收策略为企业带来了成本、效益方面的双重礼遇，既有助于缓解企业运营的经济压力，也为其产品赋予了更大的价格优势，确保企业在国际市场交易中处于有利地位。

（二）加大项目投资力度

税收减免等政策为企业带来的资金储备增加了项目投资的余地，使得企业能够在关键领域（如研发、设备升级以及技能培训等领域）加大投资力度。这一举措显著提升了企业的核心竞争力。通过将节省下来的资金重新投入这些关键领域，企业能够提供更优质的产品及服务，不断提升自身的创新能力，这在国际市场竞争中显得尤为重要。这种战略性的投资举措有助于企业从根本上提升自身的竞争力，赢得更多的市场份额，从而实现持续的经济增长和营利能力的提升。政府的激励措施间接推动了企业的项目投资力度，从而有效地增强了企业在国际市场中的竞争实力。

（三）提升企业品牌形象

除了减轻税负，税收减免等政策还给企业提供了更多资源用于市场营销和品牌推广，进而提升企业的品牌形象。这种资源的增加使得企业能够在海外建立良好的品牌形象，并吸引更多的客户，从而形成品牌忠诚度，赢得在国际市场中的优势地位。通过投入更多的资源和资金，企业可以开展更有吸引力和扩大影响力的市场推广活动，提高品牌知名度和认可度。同时，积极参与相关行业和社会事务，注重企业的社会责任，也将有助于企业正面形象的塑造。通过这些努力，企业可以树立起国际化的品牌形象，赢得消费者的信任和忠诚度，并在全球市场中获得更多的商机和竞争优势。税收政策的优惠措施不仅减轻了企业的财务负担，也为其品牌形象的提升创造了良好的条件。

（四）提高企业适应性和灵活性

税收减免等政策的实施使得企业改善了财务状况并降低了成本，从而使企业能够更迅速地应对市场变化并灵活调整经营策略。这种适应性和灵活性对于企业保持和增强国际竞争力至关重要。通过财务负担的减轻，企业能够更加迅速地做出资金配置和资源调整的决策，以满足市场需求的变化。此外，成本的降低也为企业提供了更多的空间来开展创新工作和进行新业务的探索，以适应不断变化的市场环境。这使得企业能够更快速地推出新产品、服务和解决方案，满足客户需求的变化，并保持竞争优势。税收政策的优惠措施提高了企业的适应性和灵活性，使其能够更好地应对市场风险，确保持续的创新和发展。

（五）支持国际化布局

税收优惠政策常常伴随着对企业在海外投资、建立研发中心和生产基地的支持。这些措施有助于企业实施国际化布局，提高全球供应链的管理效率，更好地服务全球市场，实现本地和国际资源的优化配置。通过在海外投资和建立研发中心，企业可以更好地接触和了解当地市场，顺应地域特点，为客户提供更精准的产品和服务。此外，建立海外生产基地能够降低生产成本、提高效益，并实现本土和跨国生产的协同发展。这样一来，企业能够在全球市场中获得更大的竞争优势。通过税收优惠政策的支持，企业可以更加积极地参与国际贸易，拓宽市场辐射面，增加销售渠道，实现更大规模的业务拓展。

二、促进企业产业升级

通过税收优惠和财政补贴等措施，政府鼓励企业投资于技术革新和研发活动，进而推动产业结构优化升级。企业“走出去”还可以引入国际先进的管理经验和技术创新，实现本地产业的转型升级。

（一）刺激研发和创新

通过税收优惠和财政补贴，企业的研发成本得以降低，能有更多的资本和人力用于新产品开发和技术应用。这样的投入使得企业能够快速推动技术进步和产品改进，保持其在行业内的领先地位。税收优惠和财政补贴的作用，不仅在于降低企业的财务负担，更在于鼓励和激励企业更大胆地投入研发和创新领域，推动企业不断提高技术水平，不断推陈出新。

（二）优化产业结构

财税政策通常以支持高技术、高附加值的行业和产业为导向，旨在引导企业从传统制造或低端服务转向更先进的技术和生产方式。这种转变有助于优化产业结构，使产业从过度依赖资源消耗和劳动力密集型向技术密集型和知识密集型转型。通过引入先进的技术和生产方式，企业能够提高整体产业链的价值，实现更高水平的产品和服务，同时增强核心竞争力。财税政策的支持为企业提供了更多发展机会，推动了产业结构的优化和升级。

（三）提升企业的全球化布局

企业通过实施“走出去”战略，能够在全球范围内寻找优质资源、市场和合作伙伴，从而提升其全球布局。通过国际化运作，企业可以选择在全球范围内建立最优的生产基地、研发中心和销售网络，从而实现产业链的全球化优势。这种全球化布局使得企业能够更好地满足国际市场需求，提高产品的竞争力和知名度。同时，企业还可以充分利用国际的技术创新和管理经验，不断提升自身的技术水平和核心竞争力。通过跨国合作和创新，企业能够迅速适应全球市场的变化，获得更大的发展空间。

（四）促进国际经验的吸收

通过与国际市场进行互动，企业不仅能够获取先进的市场管理经验，还能学习到新的管理方法、业务模式和创新理念。将这些国际先进经验应用到天津本土企业的运营和管理中，可以显著提升企业的生产效率和竞争力。国际经验的吸收使企业能够更加灵活地适应变化的市场环境，同时获得创新的切入点和思维方式。通过汲取国际先进理念，企业能够加快技术迭代和产品创新的速度，提高产品质量和市场竞争力。这种知识和经验的转化，不仅有助于企业在本土市场的发展，也使其能够更加自信地进军国际市场，成为具有全球竞争力的企业。

（五）促进企业人才国际化

财税政策的支持有助于企业吸引和留住高技能人才。这些人才具有全新的思维和国际化的视野，对于企业的技术提升和产业升级至关重要。通过吸引国际化人才，企业能够引入先进的技术和管理经验，推动企业内部的创新与变革，提升核心竞争力。同时，留住高技能人才也能让企业更好地融入国际市场，拓展全球业务和合作伙伴网络。这些人才不仅为企业带来新的思路和创意，还能够提供国际化的战略规划和运营经验，从而推动企业实现更高的发展水平。

（六）提高企业供应链效率

为了在激烈的全球市场竞争中占据优势，企业需不断地对供应链管理进行深度优化。有效利用财税优惠政策的一大途径是投资于供应链布局和技术升级，如采纳尖端的制造工艺与物流技术。通过这样的经营战略调整，企业不仅可以降低运营成本和提高生产效率，还能够增强应对市场波动的能力和提高对客户需求的响应速度。对供应链中的关键节点进行智能化升级，如引入自动化设备、物联网技术以及数据分析工具，可以实现资源的优化配置，更精准地预测市场变化，提前规划库存与生产。此外，企业通过改造供应链网络结构，可以实现产业链上下游的紧密协作与信息共享，缩减供应链环节，减少可能的风险点，从而提升整个供应链系统的稳健性和适应性。如此一来，财税优惠政策不仅对企业在天津和国际层面构建效率高、韧性强的供应链网络起到了推动作用，也为企业的可持续发展奠定了坚实基础。

三、助力企业拓展海外市场

当企业寻求拓展至海外市场时，面临的挑战包括高昂的初始投资、复杂的法律法规以及对当地市场的理解不足等。在这种背景下，财税政策的支持成为一种关键工具，帮助企业尤其是资源有限的中小企业克服这些障碍。

（一）降低企业"走出去"的资金门槛

财税优惠政策，如减税、免税、增值税退税以及提供直接的财政补贴等措施，可以减轻企业在研究和进入新市场期间的经济压力。这降低了国际市场的准入门槛，使企业能够用更低的成本进行市场调研、产品本地化研发、营销策略制定和合规性检查。企业可以分散风险，同时将有限的资金投入市场开拓中，如建立销售渠道、招聘当地人才或进行相关的市场活动。

（二）帮助中小企业提升国际信誉

天津政府部门的支持为企业提供了一个信任标志，这在海外市场可以增加潜在客户、合作伙伴和投资者的信心。通过享受政府提供的税收优惠，企业可持续地在国外市场投资并维持运营，从而逐步树立品牌形象。

（三）为企业提供辅导和咨询服务

政府针对企业进行的国际贸易培训，提供的关于海外市场准入、国际合作协议的法律咨询，以及如何处理跨境税务问题的指导等支持让企业可以更好地理解和适应海外市场的业务环境和运行规则。

四、稳定企业外贸出口规模

财政补贴及退税政策的实施使企业能够在国际价格波动中保持价格的稳定性，避免国际市场的不确定性所导致的收益波动，维持和增强外贸出口的稳定性。

（一）财政补贴可以直接或间接地降低企业的生产成本

例如，天津政府部门通过提供直接补贴或减免企业在生产、运输和出口过程中的相关费用来减轻企业的负担。这使得企业能够以更具竞争力的价格将产品出口到国际市场，从而稳定外贸出口规模。国际市场存在价格波动，这对出口企业来说是一种不确定性因素。退税政策的实施可以使企业通过返还已缴纳的税款来保持产品价格的稳定性，减少国际市场价格波动带来的收益波动。

（二）退税政策通过返还税款的方式减轻企业税收负担

退税政策减轻了企业的成本压力，使得企业在国际市场上能够以更有竞争力的价格出口产品，从而增强了外贸出口的稳定性。退税政策的实施可以降低企业的生产成本，提高企业在国际市场上的竞争力。企业在出口过程中可以更好地应对国际市场的竞争，进而扩大出口规模，推动外贸出口的增长。

（三）通过财政补贴提升企业技术水平和产品竞争力

这有助于企业实现产业结构升级，适应国际市场的需求，维持和增强外贸出口的稳定性。财政补贴可以为企业进军国际市场提供资金支持。通过补贴，企业可以降低市场开拓的成本，包括研究新市场需求、推广产品和销售网络的建立等，有助于企业扩大海外市场份额，提升外贸出口规模的稳定性。

（四）财政补贴及退税政策能够有效帮扶中小企业

这些政策能够帮助中小企业降低市场开拓成本、提升竞争力，帮助中小企业获得更多的出口机会，进入新的海外市场，增强国际竞争力，从而稳定和增加企业的外贸出口规模。

五、促进本地就业和经济增长

鼓励企业“走出去”可以为本地创造更多的就业岗位，因为企业国际化通常意味着扩大生产规模、增加员工和建立新的业务部门。同时，在海外发展成功的企业将资金和利润回流本地，可以增强本地经济的活力。

（一）促进本地就业

企业的国际化往往伴随着扩大生产规模、增加员工和建立新的业务部门的需求，从而创造更多的就业机会，有助于减轻本地的就业压力，提高就业率。企业的国际化还会带动相关产业链的发展，从而间接刺激就业增长。例如，供应商和分销商的合作伙伴通常也需要增加人员来满足对企业产品或服务的需求。这样，企业的国际化不仅本身创造了就业机会，还带动了周边产业的就业增长。

（二）促进本地企业管理经验和技术能力创新

成功进入国际市场的企业通常具备先进的管理经验和技术创新能力。当这些企业在天津本地开展业务时，它们会将这些先进的管理经验和技术带到天津本地，从而促进技术转移和知识共享。这种技术转移不仅有助于提升本地企业的技术水平和竞争力，还能推动天津本地经济的创新和发展。

此外，知识共享也是技术转移的重要方式。国际化企业通常拥有广泛的知识网络和研发资源，它们愿意与本地企业分享自己的技术知识和经验。通过合作、交流和学习，天津本地企业可以从中获得新的知识和见解，加速技术创新和发展。

（三）为本地经济提供稳定且可观的资金来源

海外回流利润资金可以用于本地的创业和投资项目，从而推动新的产业发展，培育新的经济增长点。例如，这些资金可以用于支持当地初创企业的发展、激励创新研发，或者投资于新的生产设备和技术。国际化企业带来的资金回流也可以用于本地的设施建设，如建设新的工厂、办公楼和物流中心，改善交通网络和能源供应，提升城市的基础设施水平。这些建设项目不仅创造就业机会，还能提升天津本地的生产能力和城市形象，吸引更多的投资和人才。

（四）推动本地供应链和产业链发展壮大

企业的国际化扩张通常需要与当地的供应商、分销商及合作伙伴建立合作关系，从而推动本地供应链和产业链的发展、壮大。这种合作不仅增加了就业机会，还提升了产业的整体效益和竞争力。通过与本地供应商建立长期合作关系，企业可以获得稳定可靠的供应链支持。这将有效缩短物流周期，降低生产成本，提高供应链的响应速度和灵活性。同时，这种合作也促进了本地供应商的发展，帮助供应商提升质量标准和技术水平，从而提高产业的竞争力。

六、促进国际投资与合作

通过天津政府部门提供的海外投资补贴支持和专项政策扶持，企业更愿意在国际市场进行直接投资，并寻求合作伙伴，这有助于天津企业在国际合作和经济体之间的投资流动。

（一）鼓励企业在国际市场进行直接投资并促进国际合作

这种支持方式包括提供低利率贷款、补贴或担保等形式。天津的海外投资贷款支持为企业提供了资金支持，降低了企业的融资成本。低利率贷款可以减轻企业在海外投资项目中的财务压力，帮助其更好地实现投资计划。此外，政府的补贴和担保制度也为企业提供了额外的保障和信心，减少了投资风险，同时也有助于优化资源配置和提升企业的竞争力。

（二）促进不同国家（地区）和经济体之间的合作与共赢

企业可以通过直接投资和合作伙伴关系，充分利用各自的资源和优势，实现资源共享、技术转移和市场拓展等战略目标。海内外企业的合作将带来更多的商业机会和经济增长，同时也推动着不同国家（地区）之间的文化交流和人员流动。通过跨国（地区）投资和合作，企业可以共同应对全球挑战，实现共同繁荣与可持续发展的目标。

七、扩大天津的国际影响力

促进企业“走出去”财税政策的实施将扩大天津的国际影响力，推动天津经济结构的优化，加强其与国际合作伙伴的经贸关系。这将为天津带来更多的机遇和挑战，推动城市的综合发展和繁荣。

（一）提供更多的国际交流和合作

更多本地企业参与国际竞争并在全球范围内展示其产品和服务，将为天津带来更多的国际交流和合作机会，进一步加强天津与世界各地的经济、文化和科技联系。此外，通过与其他国家和地区的合作，天津可以共同应对全球性挑战，如气候变化、环境保护和可持续能源等，这将有助于提升天津的国际形象。

（二）促进产业结构的优化和升级

通过参与国际竞争和接触全球市场，企业将面临更大的市场竞争压力和更多的市场需求，这将迫使其提高产品质量、技术创新和管理水平。同时，这也将为天津带来更多的外商直接投资和技术引进，促进天津本地经济的发展，天津的企业和机构也将能够在全球范围内寻求更多的合作机会，进一步拓展业务领域。这种市场竞争压力将有助于促进天津产业结构的优化和升级，促进经济的可持续发展。

第三节　天津促进企业"走出去"财税政策效应研究

随着经济全球化的不断深化以及"一带一路"倡议的稳步实施，天津的财税政策逐渐呈现出与国际发展同步的趋势，旨在增强本地企业的国际市场竞争力，并助力它们成功实现国际扩张，并以此带动天津的经济发展。本节的核心目标是深入分析和理解天津的财税政策如何有效促进企业和天津的国际化以及这些策略所带来的具体成效。为了全面捕捉和量化财税政策的影响力，本节选取了 2013—2022 年这一关键 10 年作为观察时期，采用天津地区生产总值、财政收入与主要税种收入、进出口贸易额、实际利用外资金额、天津企业和机构在境外投资总额、外商及港澳台商投资企业在天津设立企业数量、天津在境外设立企业和机构数量多维数据指标，综合评价财税政策在促进本地企业"走出去"战略中的实际成效。本节不仅通过纵向时间序列分析，还通过引入与环渤海区域内的其他关键地区（包括北京、河北、辽宁、山东 4 地）的横向比较研究，以此来多角度评估天津财税政策的效果。通过这种比较分析，不仅揭示了天津财税政策对本地企业国际化的推动作用，而且捕捉了区域协同发展过程中的新趋势。

这一比较能够反映天津在环渤海区域中的地位和作用，还能提出对天津未来策略制定的建议。研究过程中的发现将进一步凸显政策制定与执行在经济区域化及一体化过程中的重要性，并在未来政策的修订和优化中提供必要的数据参考和实证分析基础。这一系列分析和比较将有助于深化对天津财税政策及其在促进企业国际化中所扮演角色的理解，同时为相关决策者提供宝贵的政策导向建议和决策支持。

一、天津 2013—2022 年关键指标效应分析

（一）地区生产总值变动

2013—2022 年天津的地区生产总值见图 5–1。

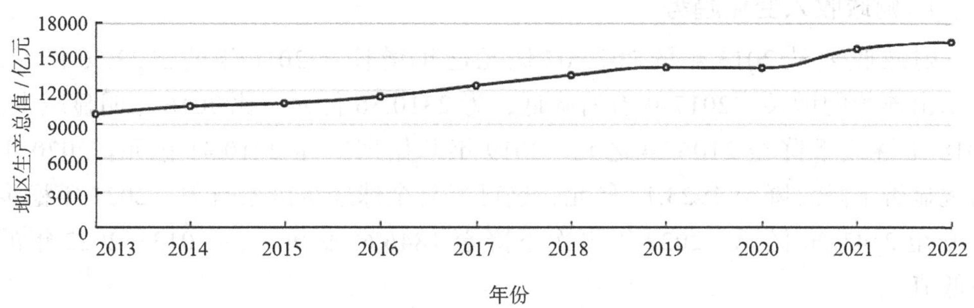

图 5-1　2013—2022 年天津的地区生产总值

资料来源：《天津统计年鉴（2023）》

2013—2019 年增长趋势：根据图 5-1，2013—2019 年，天津的地区生产总值逐年上升，反映了这个时期天津经济的持续增长，这与中国的整体经济增长趋势以及地方政府推动的区域经济发展政策有关。

2020 年的波动：2020 年的地区生产总值出现了小幅回落。

2021—2022 年恢复增长：2021 年及其之后的复苏表明天津实施了有效的经济恢复措施，包括刺激内需、增加公共卫生和基础建设的投资、提供企业援助等政策。

（二）财政收入与主要税种收入变动

2013—2022 年天津的财政收入及主要税种收入见图 5-2。

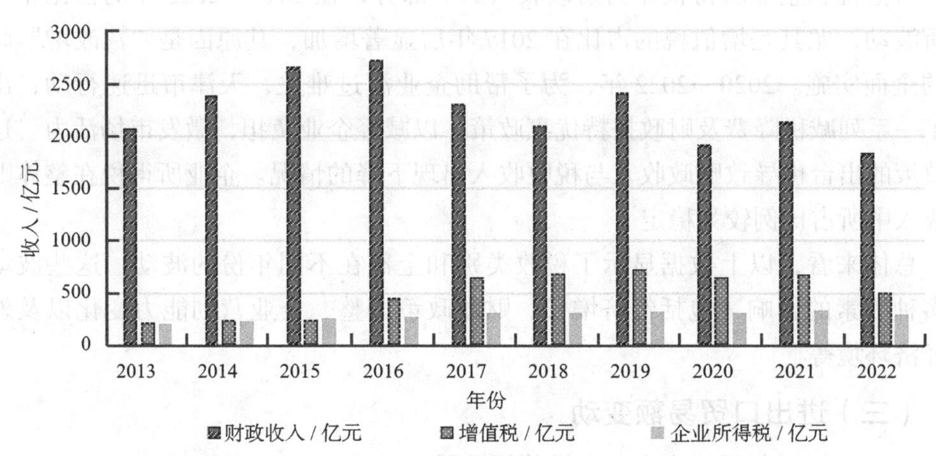

图 5-2　2013—2022 年天津的财政收入及主要税种收入

资料来源：《天津统计年鉴（2023）》

1. 财政收入变化趋势

财政收入从2013年的2079.07亿元逐年增长至2016年的2723.50亿元，显示出连续的增长。2017年有所降低，为2310.36亿元，比2016年明显减少。2018年继续下降至2106.24亿元。2019年开始回升至2410.41亿元。2020年出现显著下降，降至1923.11亿元，这可能与全球经济因素有关。2021年稳步回升至2141.06亿元。2022年再次下降至1846.69亿元，为2013—2022年的最低值。

2. 增值税的变化

增值税从2013年的225.88亿元稳步增加至2015年的252.04亿元。2016年显著增加至455.8亿元，是前一年的1.8倍。2017年增加至649.05亿元，2018年进一步增至698.46亿元。2019年达到高点，为727.13亿元。2020年减少至650.26亿元。2021年再次增至672.84亿元，随后在2022年又回落至511.17亿元。

3. 企业所得税变化

企业所得税从2013年的204.38亿元逐年增长至2018年的319.53亿元。2016—2019年，企业所得税保持在278.46亿～323.91亿元。2020年下降至310.58亿元。2021年增加至337.35亿元，这是2013年以来的最高值。2022年有所减少，为306.64亿元。

4. 税收占比

增值税和企业所得税作为财政收入的一部分，在2013—2022年的占比相对有所波动，尤其是增值税的占比在2017年后显著增加，其原因是“营改增”政策的全面实施。2020—2022年，为了帮助企业渡过难关，天津市迅速行动，出台了一系列减税降费及财政扶持优惠政策，以减轻企业负担，激发市场活力。这些政策的出台也导致财政收入与税收收入出现下降的情况。企业所得税在整体财政收入中所占比例较为稳定。

总体来看，以上数据显示了税收类别和金额在不同年份的波动，这些波动受多种因素的影响，包括经济增长、财政政策调整、企业营利能力变化以及外部经济环境等。

（三）进出口贸易额变动

2013—2022年天津进出口贸易总额见图5-3。

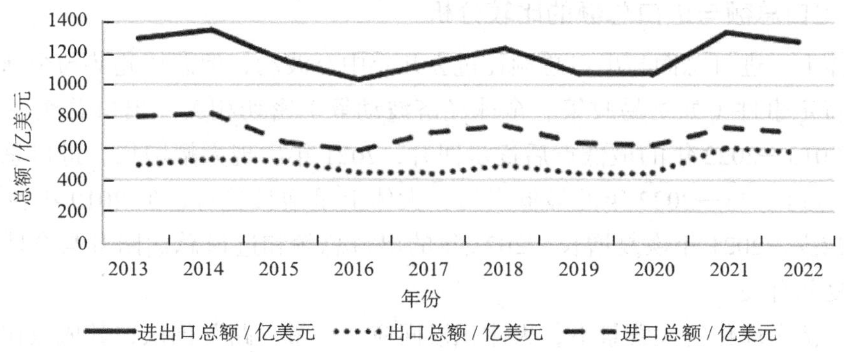

图 5-3 2013—2022 年天津进出口贸易额

资料来源：《天津统计年鉴（2023）》

1. 进出口总额变化趋势

进出口总额从 2013 年的 1285.28 亿美元增加至 2014 年的 1339.12 亿美元。2015 年开始呈现下降趋势，至 2016 年降至 1026.51 亿美元，为 2013—2022 年的最低点。2017 年进出口总额开始回升，2018 年达到 1225.11 亿美元。2019 年进出口总额再次降低至 1066.45 亿美元。2020 年进出口总额几乎与 2019 年持平，略有减少至 1059.31 亿美元。2021 年进出口总额显著回升至 1325.65 亿美元。2022 年进出口总额有所回落，为 1267.58 亿美元。

2. 出口总额的变化

2013—2014 年，出口总额有所增长，从 490.25 亿美元增长至 525.97 亿美元。之后出口总额呈下降趋势，至 2016 年下降至 442.86 亿美元。2017 年略有降低至 435.65 亿美元。2018 年再次增长至 487.96 亿美元，2019 年有所下降至 437.94 亿美元。2020 年出口总额与 2019 年相比略有增长，至 443.60 亿美元。2021 年出口总额大幅回升，至 599.66 亿美元。2022 年出口总额有所降低，但仍维持在较高水平，为 571.85 亿美元。

3. 进口总额的变化

2013—2014 年，进口总额从 795.03 亿美元微增至 813.16 亿美元。2015—2016 年，进口总额显著下跌，到 2016 年时为 583.65 亿美元。2017 年进口总额大幅回升至 693.81 亿美元。2018 年继续增长至 737.16 亿美元，2019 年降至 628.51 亿美元。2020 年进口总额稍有减少至 615.71 亿美元，2021 年显著回升至 725.99 亿美元，2022 年略有回落至 695.73 亿美元。

4. 出口总额与进口总额的比较分析

整体上，进口总额与出口总额在过去几年中有波动，但总体趋势与全球经济形势和特定事件（如贸易政策、全球经济波动等）密切相关。出口总额在2017年达到2013—2022年的最低点后逐步回升，2021年出现大幅增长。进口总额在2016年达到2013—2022年的最低点后，大体上呈增长趋势，但2019年和2020年有所减少，2021年恢复增长。2021年的出口总额和进口总额回升与全球经济的逐步复苏有关。

在经济全球化的大背景下，天津积极回应“一带一路”倡议，其成效在众多领域尤以进出口贸易领域的增长最为显著。“一带一路”倡议不仅加深了天津与“一带一路”沿线国家（地区）的经济往来，也为天津企业打开了新的国际市场大门，同时增加了原材料的进口渠道。得益于基础设施的持续优化与物流成本的逐步降低，天津港凭借其在中国北方地区日益重要的战略位置，物流服务效率和质量均得到显著提升，从而不断强化了天津在全球供应链体系中扮演的角色，促进了天津与全球各地经济的交流与融合。

（四）实际利用外资额变动

2013—2022年天津实际利用外资额见图5-4。

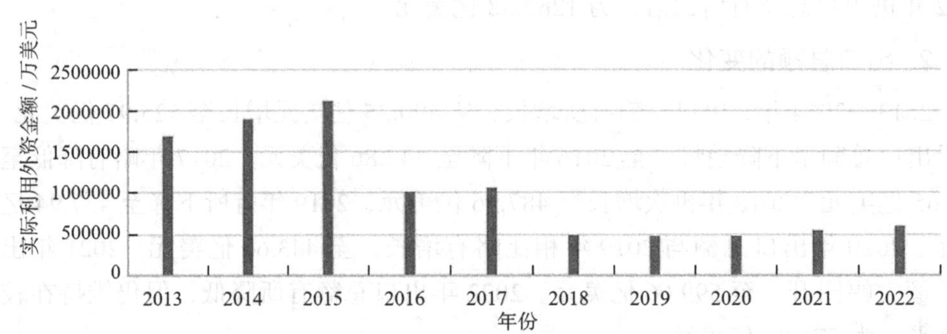

图5-4　2013—2022年天津实际利用外资额

资料来源：《天津统计年鉴（2013）》

2013—2015年，天津实际利用外资额从1682897万美元增长至2113444万美元，呈连续增长趋势，反映了“一带一路”倡议刚提出时对外资吸引力的显著提升。2013年“一带一路”倡议提出后，迅速吸引了国际社会的广泛关注，加之中国的经济稳步增长和市场潜力巨大，这一时期中国对外开放和优化营商环境的政策也在不断强化。外国投资者对参与中国城市，特别是天津及其他沿线城市的基础设施建设、工业升级和新兴市场开发表现出高度兴趣。

2015—2017年，天津实际利用外资额从2015年的2113444万美元骤降至2016年的1010045万美元，后于2017年略升至1060784万美元。此波动反映了全球贸易紧张、市场波动以及中国经济调整等内外部因素对天津实际利用外资额的综合影响，同时全球资本流动和竞争动态也对天津实际利用外资额有所影响。

2018—2022年，天津实际利用外资从485104万美元稳步增至595009万美元，尽管增势稳健，但与2015年相比还有差距。这一走势可能受到“一带一路”推进、贸易摩擦、政策调整等因素的综合影响。面对挑战，天津进一步推进“一带一路”倡议实施，颁布了一系列政策以吸引和稳定外资，如税收优惠措施和投资环境改善措施，促进了外资的信心恢复，并带动了实际利用外资额的逐步增长。

（五）天津企业和机构在境外投资总额变动

2013—2022年天津企业和机构在境外投资额见图5–5。

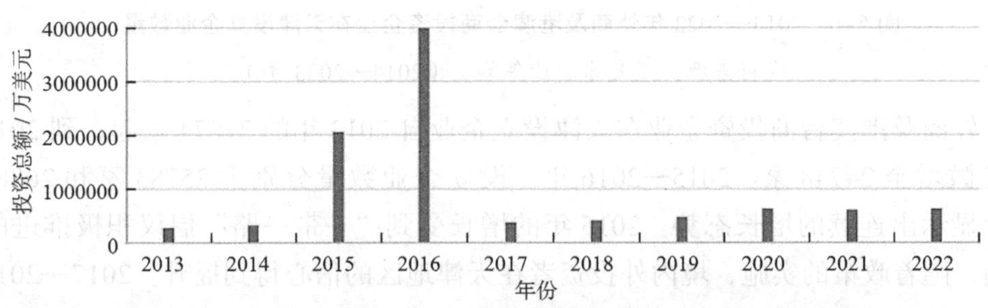

图5–5　2013—2022年天津企业和机构在境外投资总额

资料来源：《天津统计年鉴》（2014—2023年）

2013—2014年，天津企业和机构在境外投资总额从260992万美元上升到313732万美元，反映了该时期对外投资的稳步扩张。2015年，投资额激增至2054096万美元，这一年的显著增长与“一带一路”倡议的推进密切相关，该倡议鼓励中国企业在沿线国家扩大投资。2016年，投资总额进一步上升至3981070万美元，是2013年投资额的15倍，这是因为天津企业和机构加大了在“一带一路”相关国家的投资，同时也得益于当时较为有利的政策支持与国际环境。

2017 年，投资额大幅减少至 363146 万美元，这一下降与当年的国内外经济、政治环境变化和对外投资政策调整有关。2018—2022 年，境外投资总额先后从 397267 万美元增长至 621427 万美元，尽管波动，但总体上维持增长的态势。这个阶段的增长与天津逐步恢复和加强对"一带一路"沿线国家的投资相关，同时也能够看出 2020 年之后投资吸引力逐渐增强，且投资总额在 2022 年比 2020 年有所回升。

（六）天津外商及港澳台商投资企业在天津设立企业数量变动

2013—2022 年外商及港澳台商投资企业在天津设立企业数量见图 5-6。

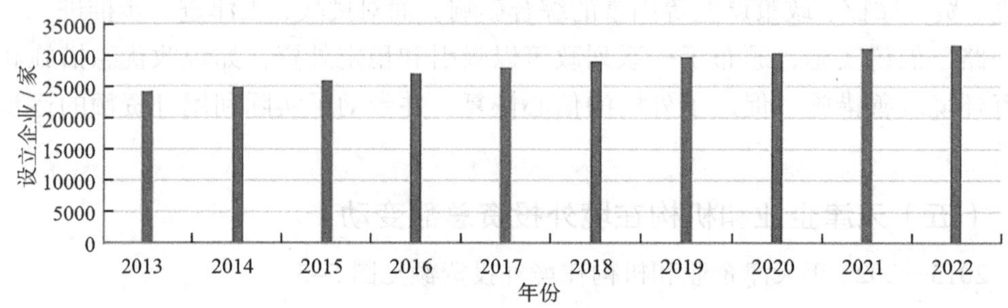

图 5-6　2013—2022 年外商及港澳台商投资企业在天津设立企业数量

资料来源：《天津统计年鉴》（2014—2023 年）

外商及港澳台商投资企业在天津设立企业自 2013 年的 24074 家起，到 2014 年轻微增至 24748 家。2015—2016 年，设立企业数量分别为 25783 家和 26889 家，显示出连续的增长态势。2015 年的增长受到"一带一路"倡议积极推进的影响，随着政策的实施，境内外投资者在天津地区的信心得到提升。2017—2019 年，天津继续吸引外商及港澳台商投资企业，设立企业数量分别增至 27840 家、28928 家和 29639 家。该时期的持续增长依然得益于"一带一路"等政策导向，为外商及港澳台商提供了积极的投资环境。2019—2020 年，在天津的外商及港澳台商投资企业设立企业数量实现增长，由 29639 家增加到 30209 家。这表明天津提供了相对稳定的营商环境和政策支持。2021—2022 年，设立企业数量继续提升到 30953 家和 31449 家，即便在全球经济复苏缓慢的背景下，天津持续吸引外来投资的能力未受较大干扰。

（七）天津在境外设立企业和机构数量变动

2013—2022 年天津在境外设立企业和机构数量见图 5-7。

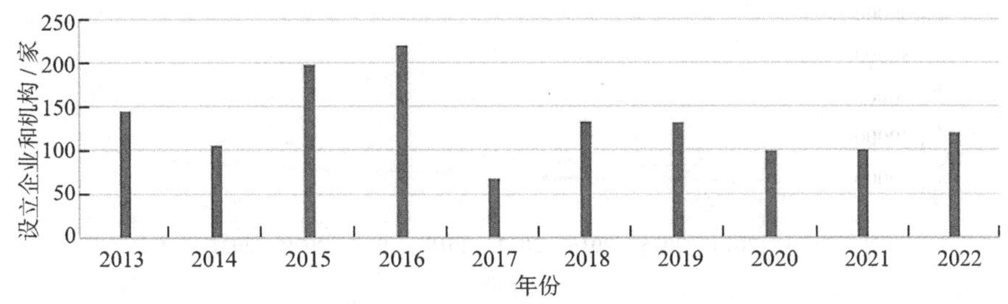

图 5-7　2013—2022 年天津在境外设立企业和机构数量

资料来源：《天津统计年鉴》（2014—2023 年）

2013 年，有 144 家企业和机构在天津境外设立。2014 年，数量下降至 105 家，这可能由当年特定的经济态势或者政策调整所致。2015—2016 年，天津在境外设立的企业和机构数量迅速上升，分别为 197 家和 219 家。该时期的增长，与“一带一路”倡议所带动的对外投资推动有关，该政策鼓励天津企业“走出去”，扩大国际影响力。2017 年，数量骤降至 67 家，可能是因为天津对外投资策略的调整，或是全球经济和政治局势的波动。2018 年，天津在境外设立企业和机构数量回升至 132 家，并在 2019 年保持在 131 家，显示出一定的经济复苏和稳定性。2020 年数量下降至 99 家，而 2021 年略有增加至 100 家。到 2022 年，数量小幅增长至 119 家，这与全球经济开始逐渐复苏以及天津继续深化推进“一带一路”倡议有关。

二、环渤海 5 省市 2013—2022 年关键指标对比分析

环渤海区域包括天津、北京、辽宁、山东和河北等地区。2013—2022 年，中国乃至全球经济有诸多起伏变化，其中天津作为重要的经济中心，在环渤海区域的发展中扮演着重要角色。通过系统地对比分析这些省市 2013—2022 年的地区生产总值、进出口贸易总额、实际利用外资额、对外非金融类直接投资流量情况，不仅能够评估各地经济发展的动态和特点，探究周边省区市的发展态势和经济表现，洞悉潜在的协同效应和竞争态势，还能够深入了解天津在区域经济中的位置与作用，具体分析其“一带一路”的践行效果。

（一）环渤海 5 省市 2013—2022 年地区生产总值变动

环渤海 5 省市 2013—2022 年地区生产总值见图 5-8。

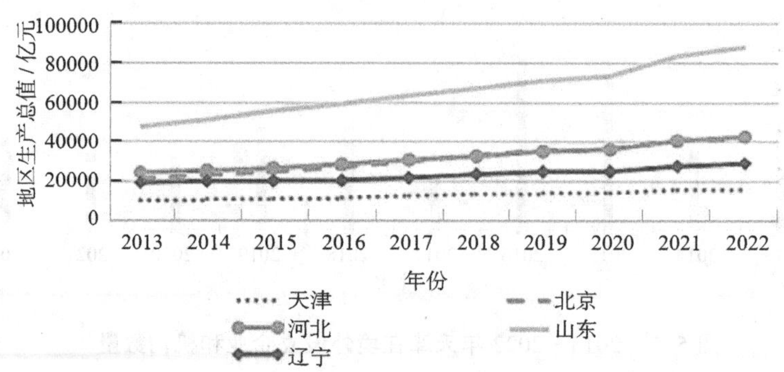

图 5-8 环渤海 5 省市 2013—2022 年地区生产总值

资料来源：天津、北京、河北、山东、辽宁统计年鉴

1. 总体趋势

2013—2022 年，北京、山东、天津、辽宁和河北的地区生产总值数据揭示了相应的经济成长轨迹，其中北京与山东表现得尤为突出。具体地，北京在这段时间内显著地将其经济总量从 2.11 万亿元增至约 4.16 万亿元，呈现了北京鲜明的经济活力。山东的经济规模从 2013 年的 47344.33 亿元踏上了迅猛发展的轨道，至 2022 年攀升至 87435.13 亿元，增长幅度在全国范围内颇为显著。

与北京和山东的快速发展相比，天津和辽宁两地的地区生产总值增长虽然呈持续上升趋势但增速温和，反映了这两个地区经济发展面临着挑战与阻力，但是仍然保持着稳中有进的态势。

2. 天津的不同

天津在 2013—2022 年的 10 年间，其地区生产总值增长模式相比北京及山东略显平稳，在北京经济规模的接近成倍增加与山东的显著膨胀对照中，天津 2022 年的经济规模约为 2013 年的 1.64 倍。2020 年天津的地区生产总值轻微回落，从 2019 年的 14055.46 亿元小幅下调至 14007.99 亿元。不过，得益于及时有效的应对措施和经济刺激政策，天津在 2021 年及 2022 年经历了明显的经济复苏和增长期，充分展示出天津经济的弹性与活力。

天津在区位优势、工业基础和港口经济上的独特性，为其经济增长贡献了独有的驱动力。天津的发展得益于其在北方地区的交通枢纽地位，并且其在环渤海经济圈的战略位置为其与国内外市场的连接提供了天然优势。在当前全球经济前景充满不确定性的情况下，天津坚持践行"一带一路"倡议，因地制宜地采取了一系列财税政策和提供了一系列特色财税服务，以更好地服务“一带一路”沿线国家的经贸往来和投资项目，持续促进区域经济的稳定、繁荣发展。同时，天津在把握新旧动能转换和产业升级等方面表现出的战略眼光，意味着在未来的经济发展中，天津或能在增强核心竞争力、提升产业链水平、吸引国内外投资和优化经济结构等方面取得更加突出的成就。因此，尽管与首都北京和经济大省山东在经济规模上存在差距，天津依旧在其特色与潜能上展现出成长和蜕变的可能性。

（二）环渤海 5 省市 2013—2022 年进出口总额变动

环渤海 5 省市 2013—2022 年进出口总额、出口总额、进口总额分别见图 5-9～图 5-11。

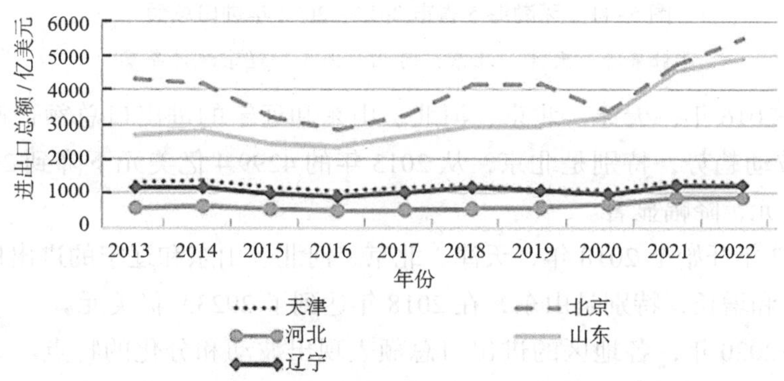

图 5-9　环渤海 5 省市 2013—2022 年进出口总额

资料来源：天津、北京、河北、山东、辽宁统计年鉴

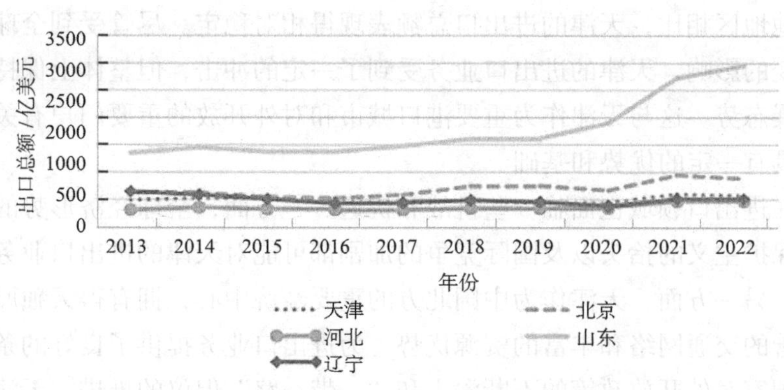

图 5-10　环渤海 5 省市 2013—2022 年出口总额

资料来源：天津、北京、河北、山东、辽宁统计年鉴

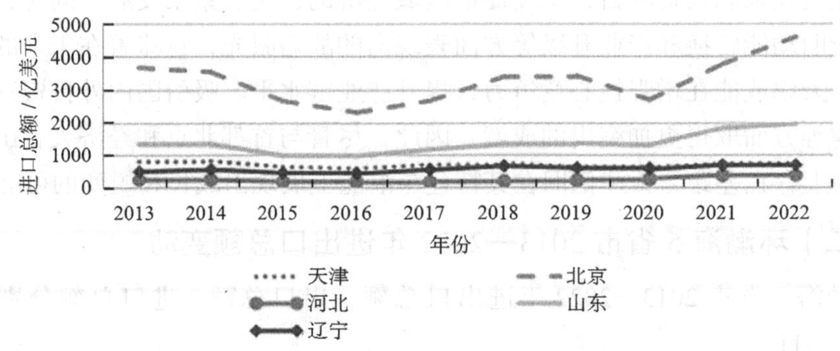

图 5-11　环渤海 5 省市 2013—2022 年进口总额

资料来源：天津、北京、河北、山东、辽宁统计年鉴

2013—2016 年，天津、北京、河北、山东和辽宁的进出口总额普遍呈现下降趋势或波动趋势，特别是北京，从 2013 年的 4299.4 亿美元下降到 2016 年的 2823.8 亿美元，降幅显著。

从 2017 年开始至 2018 年，天津、北京、河北、山东和辽宁的进出口总额普遍出现回升和增长，特别是山东，在 2018 年达到了 2923.9 亿美元。

2019—2020 年，各地区的进出口总额表现出波动和分化的特点。天津和辽宁在 2019 年出现下降，而北京和山东则保持增长。到 2020 年，各地区的进出口总额呈现不同程度的下降或增速放缓趋势。

2020—2022 年，北京和山东进出口总额的增长幅度较大。

与其他地区相比，天津的进出口总额表现得相对稳定。尽管受到全球经济环境复杂多变的影响，天津的进出口业务受到了一定的冲击，但整体上保持了相对稳健的发展态势。这与天津作为重要港口城市和对外开放的重要门户有关，其在外贸领域具有一定的优势和基础。

天津在进出口领域也面临一些挑战和机遇。一方面，全球经济形势的不确定性、贸易保护主义的抬头以及国际竞争的加剧都可能对天津的进出口业务产生一定的影响。另一方面，天津作为中国北方的重要经济中心，拥有得天独厚的地理位置、完善的交通网络和丰富的资源优势，为进出口业务提供了良好的条件。同时，随着国家对外开放政策的不断深入和“一带一路”倡议的推进，天津也面临着更多的发展机遇。

（三）环渤海 5 省市 2013—2022 年实际利用外资额变动

环渤海 5 省市 2013—2022 年实际利用外资额变动见图 5-12。

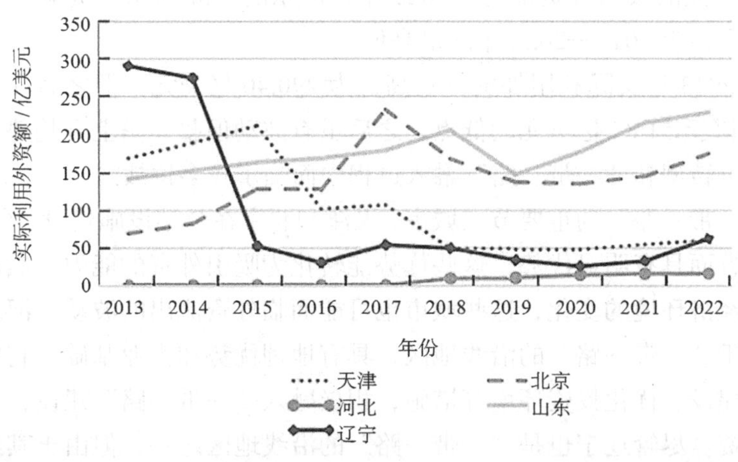

图 5-12　环渤海 5 省市 2013-2022 年实际利用外资额变动

资料来源：2013—2022 年 5 省市统计年鉴、国民经济和社会发展统计公报，《中国外资统计公报》（2013—2022 年）

由于 5 省市实际利用外资额指标口径不一致，为保证可比性，该部分除了参考 2013—2022 年 5 省市统计年鉴，还引用了 2013—2022 年 5 省市国民经济和社会发展统计公报、《中国外资统计公报》（2013—2022 年）中的数据。但是统一口径下，河北 2013—2017 年实际利用外资额数据有所缺失（官方未有披露），未能获取。

天津在 2013—2015 年实际利用外资额持续上升，从 168.29 亿美元增至 211.34 亿美元。2016—2020 年整体呈波动下降趋势。自 2021 年起，天津的实际利用外资额开始回升，2022 年达到 59.50 亿美元，但相比高峰时期仍较低。

北京在 2013—2015 年实际利用外资额大幅上升，从 2014 年的 81.69 亿美元增至 2015 年的 127.15 亿美元。2016 年略有下降，但 2017 年迅速回升至 2013—2022 年的高峰，为 232.58 亿美元。自 2018 年起，北京的实际利用外资额开始下降，但整体仍保持在较高水平，2022 年回升至 174.08 亿美元。这反映了北京作为政治、经济中心以及“一带一路”重要节点城市的吸引力。

根据现有数据可以看出，河北实际利用外资额从 2018 年 8.90 亿美元上涨至

2022 年的 16.60 亿美元，整体呈上涨趋势。

山东在 2013—2021 年实际利用外资额整体呈波动上升趋势，从 140.53 亿美元增至 215.16 亿美元。特别是在 2020 年后，山东的实际利用外资额增长迅速，显示出较强的吸引外资能力。2022 年，山东的实际利用外资额继续增长至 228.74 亿美元，为 2013—2022 年的最高值。

辽宁在 2013 年实际利用外资额较高，为 290.40 亿美元，但之后几年开始下降。2015 年降至 51.85 亿美元的低点，之后虽有波动但整体呈上升趋势。这反映了辽宁在经济转型和“一带一路”融入过程中面临了较多挑战。

作为“一带一路”的重要节点城市，天津和北京在基础设施建设、金融服务、科技创新等方面具有明显优势，这些优势能转化为吸引外资的能力。然而，随着全球政治、经济环境的变化，这些城市也可能面临外资流出的波动。河北、山东这两个省位于“一带一路”的沿线地区，具有地理优势和产业基础。它们通过加强基础设施建设、优化投资环境等措施，积极融入“一带一路”建设，从而吸引了更多的外资。尽管辽宁也是“一带一路”的沿线地区之一，但由于其经济结构相对单一、转型压力较大等，可能在吸引外资方面面临更多挑战。未来，辽宁需要进一步深化改革、扩大开放，以更好地融入“一带一路”建设并吸引更多外资流入。

（四）环渤海 5 省市 2013—2022 年对外非金融类直接投资流量变动

环渤海 5 省市 2013—2022 年对外非金融类直接投资流量见图 5–13。

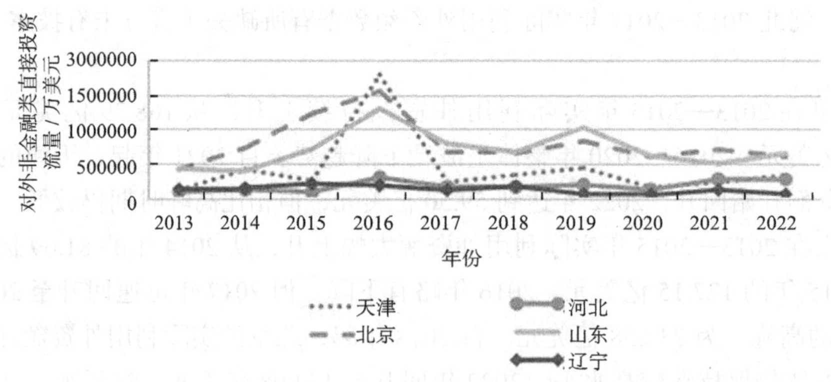

图 5–13　环渤海 5 省市 2013—2022 年对外非金融类直接投资流量

资料来源：《2022 年度中国对外直接投资统计公报》

由于5省市统计年鉴中对外投资指标口径不一致，为保证可比性，该部分采用了《2022年度中国对外直接投资统计公报》中对外非金融类直接投资流量数据。

天津对外非金融类直接投资流量在2013—2014年呈现增长趋势，2014—2015年虽有小幅下降，但是在2016年再次大幅增长至1794146万美元，位列当年环渤海区域第一、全国第三。这种增长与天津紧抓“一带一路”合作机遇、积极出台多项财税政策、全力支持企业参与“一带一路”建设和国际合作交流有关。虽然在2017年后天津对外非金融类直接投资流量出现下降，但在2020—2022年仍实现逆势回升。

北京对外非金融类直接投资流量在2013—2016年大幅增加，从413010万美元增至1557362万美元。2017年出现下降，此后至2022年，北京对外非金融类直接投资流量虽反复波动，但对比整体环渤海区域一直保持在较高水平。这与其作为中国的政治和经济中心密不可分，北京更容易获取与“一带一路”相关的投资信息和资源。

河北对外非金融类直接投资流量在2013—2016年呈波动增长趋势，在2016年达到2013—2022年的顶峰301285万美元。2017—2020年整体呈下降趋势，这与对外投资形势有关，自2021年起实现回升，2022年达到276102万美元。

山东对外非金融类直接投资流量在观察期内整体呈现波动增长趋势。特别是在2016年和2019年，投资额达到高峰。就环渤海区域来看，山东仅次于北京，为整个区域的对外投资高水平地区。山东地理位置靠近“一带一路”的“21世纪海上丝绸之路”，这为其企业提供了更多对外投资的机会。

由于“一带一路”倡议鼓励中国企业“走出去”，参与沿线国家的基础设施建设和经济合作，因此可以推测，5省市的境外投资增长部分可能归因于该倡议提供的机遇。

具体来说，天津和北京作为重要的经济中心，更多地受益于与“一带一路”相关的金融、贸易和服务业投资。河北和山东的企业则可能更多地参与基础设施建设、能源和制造业等领域的投资。

5省市的境外投资行为还受到地方政策、经济结构和地理位置的影响。作为北方的重要港口城市，天津的地方政策更加注重与“21世纪海上丝绸之路”沿线国家的经贸合作。天津自贸区等政策创新也为企业境外投资提供了便利。北京作为首都，其政策更多关注高端产业和国际金融合作，这影响了其境外投资的方向和领域。河北的地方政策更加注重与邻近省市（如天津、山东）的协同发展，以及参与“一带一路”内陆通道建设。山东拥有多个重要沿海港口城市，如青岛、烟台等，这些城市的地方政策更加倾向促进与东北亚、东南亚等地区的海上贸易和投资。辽宁作为东北地区的门户，其地方政策注重与俄罗斯、蒙古等国家的陆路贸易和投资合作[①]。

第四节　天津促进企业“走出去”财税政策的短板与不足

在当今经济全球化浪潮的推动下，企业开展国际业务、挺进海外市场已然转变为各国（地区）拓展对外经济往来、实现全方位对外开放的核心战略。天津作为我国北方重要的经济中心，始终以积极的姿态推动本土企业迈向国际舞台，不断地在制度层面和政策上给予支持，着力打造有利于企业“走出去”的营商环境。在此基础上，天津的政策架构确实在一定程度上为企业的海外业务拓展、品牌影响力的提升及国际合作奠定了坚实的基础。

尽管如此，在日益复杂多变的全球经济环境下，伴随天津企业国际化步伐的加速，现有的财税政策体系也暴露出短板与不足，成为企业提升海外竞争力、拓展国际市场空间的潜在障碍。这些财税政策的短板和不足可能对天津贯彻落实“一带一路”倡议产生不利影响，尤其是在促进本地企业积极参与国际合作与竞争方面。财税政策的不完善或不适应增加企业“走出去”成本，限制它们在沿线国家和地区的项目投资和市场拓展，导致天津失去部分国际商机，制约区域经济发展的深度与广度，进而影响天津在“一带一路”经济合作中的战略地位和经贸影响力，影响这一重要国家政策在地方层面的成效。

一、政策宣传与普及需提升

天津虽然在政策层面出台了一系列旨在支持企业“走出去”的财税措施，但这些政策的实际宣传效果和普及程度并不尽如人意，主要表现在以下几个方面。

（一）信息传播渠道有限

当前最新财税信息多依赖官方媒介来发布重要政策信息，如政府门户网站和官方公告、微信公众号。但由于企业每日接收的信息纷繁复杂且信息更迭速度较

① 李丽．“一带一路”倡议下天津企业“走出去”问题研究与财税政策建议［J］．经济师，2022（4）：147–148.

快，部分企业尤其是中小企业不能够及时获取官方发布的重要财税信息，这意味着它们无法即时获取对其业务可能产生重大影响的政策更新。这样的信息不对称不仅影响企业的决策质量，也使得企业难以充分利用可能的政策优势，或不能及时调整策略以应对潜在的政策风险。

（二）政策解读不够深入

尽管企业能触及新政策信息，但政策文件的专业性和复杂性往往超出了企业的理解能力。由于缺乏定制化的解析和实际操作指南，企业很难精确把握政策的核心内容及关键实施细节。在这种情况下，企业对政策的浅层理解可能导致误解或者忽视政策的深远意图和潜在益处。进一步地，这不仅妨碍了企业对政策精髓的透彻领会，同时也阻碍了政策效力的最大化发挥，因为没有恰当和深入地解读政策，企业未能制定出与政策精神相协调的业务策略。

（三）宣传覆盖面有限

政策推广活动往往偏向服务于大型企业以及特定的行业巨头，而忽略了对中小企业和日益崛起的新兴行业的关照。这种宣传策略导致了一个现实差异：中小企业与新兴行业在积极拓展市场和“走出去”探索国际舞台时，往往缺乏足够的政策支持和引导。这样的政策宣传使得中小企业难以充分利用那些可能有助于其发展壮大的政策优惠。这不仅限制了它们利用政策优惠的潜力，也影响了它们在市场竞争中保持活力和竞争力的能力。

（四）政策更新同步性差

全球经贸态势的持续演变以及政策环境的动态变化要求天津快速适应并相应调整本地的财税政策。然而，政策制定者在响应市场变动时显示出滞后性。这种政策反应的不及时不仅阻碍了企业访问最新政策信息的通道，也使企业在激烈的市场竞争中错失先机。企业承受着政策迟滞导致的更新信息不足的风险，因而限制了它们的应变能力和决策效率，同时这种延误在政策传递方面也减弱了政策本应产生的积极效果。

（五）缺乏互动与反馈机制

在政策宣传的实施过程中，缺失有效的互动与反馈渠道成为一个显著短板，阻碍了企业与政策制定者之间的沟通。当企业有疑惑或想要贡献建议时，这种缺乏及时互动的机制让它们很难找到快速且有效的解答或反馈途径。这不但降低了政策执行的成效，因为政策的实际应用并未得到现实问题的调校，而且破坏了企业对政府政策的理解和应用意愿。企业因此可能会减少对政策的依赖或探索，在经营决策中缺乏政策支持的信心。缺乏互动与反馈机制限制了政策宣传的双向沟通，减弱了政策的灵活性，同时也削弱了企业对政策导向的反应度和积极性。

二、资金扶持力度和覆盖面有限

在推动企业“走出去”时，天津虽然意识到资金扶持的重要性，并为此做出一定的努力，但实际效果受到财政预算和资金规模的制约。具体来说，这方面的短板和不足主要表现如下。

（一）预算分配不足

尽管天津为促进本地企业拓展国际市场而设立了专项“走出去”资金，但该专项资金在总体财政预算中所占比重依旧较小。这一不足使得政府资金对于支持广泛的对外扩展需求变得力不从心，特别是那些在进行国际投资或参与全球项目时需要巨大资金支持的行业。资助规模的有限性意味着许多具备“走出去”潜力的企业可能无法获得充分的经济助力，尤其是在高成本投资领域，如大型基础设施建设、能源资源开发等资本密集型产业。天津的这一财政策略可能并未充分激发企业的国际化动力，或并未为其提供足够的财务缓冲。这一状况限制了企业在全球竞争中的战略行动力和拓展速度，也许会使得本应充满活力的国际业务拓展计划不得不放缓甚至暂停。在宏观层面，这样的资金配置策略可能不足以达成天津整体的对外经济合作和国际交流目标，从而在经济全球化背景下影响天津的竞争力和影响力。

（二）覆盖面有限

天津的资金支援政策目前主要针对一些指定行业，尤其是那些被认为有望推动经济未来增长的领域，如高科技和环保产业。然而，这样的政策倾向性导致了对其他潜在增长领域，特别是那些属于传统产业和中小企业的支持不足。此外，这种不均衡的扶持格局也可能导致资源配置效率不佳，以及市场创新力的流失，阻碍整体经济的多元化和可持续发展。在长远看来，这种资金分配可能会加剧产业结构的僵化，限制总体经济活力。要实现所有行业的均衡发展，确保资金扶持政策覆盖面的广泛性和有效性便显得尤为重要，这需要政府在资金分配上做出更精细的策略规划和优化，以促进各类企业，尤其是中小企业的可持续成长，实现经济的全面、和谐发展。

（三）申请门槛较高

为提升资金效益及确保其精确投向，天津的资金支持政策设立了门槛，旨在选择最具潜力和需求的企业。然而，这些标准在实施中可能显得过于严苛，尤其对于那些规模不大、实力不足的中小企业而言，会成为它们享受政策利好的障碍。这不仅限制了这些中小企业获得政府资助的机会，也在无形中剥夺了它们凭借财政援助实现增长和突破的可能性。这一情形偏离了政策旨在促进经济多元化和包容性增长的初衷。由于这些门槛往往与企业规模和先前成就相关联，许多刚刚起步或资源有限的企业自动被排除在政策扶持的边缘，在市场竞争中可能会变得更加脆弱。

（四）资金使用效率不高

资金扶持政策虽为天津部分企业提供了经济支持，但在实践中出现了资金使用不理想的情况，如效率不高或用途不恰当。这类现象削弱了资助资金取得预期成效的可能性。对此，提高资金使用的效率和合理性成为当务之急，以确保政策效果的最大化，并使社会公共资源得到合理分配。

（五）缺乏长期、稳定的资金支持机制

天津目前实行的资金扶持政策倾向通过对特定项目或计划的投资来实施，但这种方式并未建立起一套持久和连续的资金支持体系。这导致了企业在策划并实施其“走出去”战略时，面临预期不稳定和长期规划困难的问题。这种不稳定性给企业的发展路径带来更多未知数，放大了市场运作的不确定性，进而影响了企业在未来投资、扩张及人才吸引等方面的决策。

三、缺乏与国际接轨的税收政策

在国际税收方面，天津尚未形成与国际接轨的完善税收政策体系。这可能导致企业在海外遭遇税收歧视或双重征税等问题，增加企业的税收负担和合规风险。这方面的短板和不足主要表现如下。

（一）税收政策体系不完善

当前，天津的税收政策体系尚不够成熟和完善，未能与国际标准实现充分对接。这种局限性在企业迈向全球化市场时变得尤为明显。在跨境经营活动中，企业可能碰到不同国家间税收规定的冲突，如税收待遇不公、重复征税等问题，使得企业越发难以驾驭复杂的国际商业环境。这些税收难题不仅加剧企业的经营成

本，直接影响其财务效益，还可能将企业推向国际市场的边缘位置，与税收政策更为优化的竞争对手相比处于明显的劣势。

（二）国际税收合作不足

天津在加强与全球税收监管体系的衔接上尚显薄弱，特别是在税收信息交换和避免双重征税等领域与国际标准的一致性仍有待提升。这种情况加剧了天津企业在全球布局时所遭遇的税务困境，如税务透明度不足与税收合规性问题，给企业带来额外的税务合规成本和经营风险。缺乏有效的国际税收合作机制会使得天津企业在国际税收筹划方面缺乏足够支持，增加了其在境外经营中的税收负担，同时也降低了它们在国际市场的竞争优势。

（三）对国际税收规则了解不足

天津企业对于国际税收法律法规的认识普遍不足，这种缺乏会给它们在开展跨境商务活动时带来意外的税务合规挑战。不熟悉海外税收制度可能使企业不慎违犯税务规定，致使其面临不利的税务争议，不仅需要企业占用大量的资源进行纠正和应对，还有可能遭受财务损失。此外，对国际税收法律法规知识的忽视同样导致企业不能有效利用可用的税收减免政策，这不仅使企业错失了节约成本的机会，还可能在无形中使得企业的税负加重，影响其在全球市场中的竞争力。

（四）税收服务国际化水平有待提高

天津的税务服务体系在满足全球化商业要求方面仍需提高其服务层次和专业度。这种服务能力的欠缺可能会削弱天津企业在国际市场上的竞争能力，因为它们在进行跨国经营时可能难以获得适时、精准、高效的税收支持和指导。

四、跨境税收服务不足

对于跨境经营的企业而言，税收服务的国际化水平至关重要。天津在跨境税收服务方面仍有待提升，如缺乏针对跨境交易的税收指导、国际税收争议解决机制不完善等，具体表现在以下方面。

（一）缺乏针对跨境交易的税收指导

跨境交易所囊括的税收问题极为复杂，不仅涉及对多国税法和国际税收准则的精细解读，还需依循不同国家的税制及其变化，企业在这些领域中寻求纳税合规化与税负最小化过程中需要得到高质量的税务指导和咨询。天津在跨境税务服务方面所能提供的支持和资源相对不足，这一状况会使企业在开展国际贸易时增加税务风险以及不经意间产生过高的税务成本。

（二）国际税收争议解决机制不完善

在经济全球化的商业布局下，跨境经营的企业在国际税收领域经常会遭遇各类纠纷问题，包括但不限于双重征税问题和税收待遇不平等问题。这些问题若想得到妥善解决，就需依靠一个强有力的国际税务争议解决机制，它不仅要确保进程的时效性和解决方案的公正性，还要充分保障企业在全球市场中的合法经营权益。目前天津在建立和完善这一应对国际税收争议的机制方面尚显不足，这会造成本地及在天津设有业务的跨国企业在遇到税务争议时，可能难以寻求到迅速且公允的解决方案。

（三）跨境税收信息共享不足

为了确保跨境经营活动的税收决策既合理又合规，企业不仅需要迅速获取全球各地的税收法律法规及其更新，还要准确解读这些信息。然而，目前天津在跨境税收情报的互通与共享方面仍显薄弱。这一差距有可能阻碍地区企业及时接触到关键的跨境税收数据，影响它们在国际市场上的业务开展、决策效率以及遵守相关税收规定的能力。

（四）缺乏专业的跨境税收服务团队

高级跨境税收服务的提供依赖于具有扎实的国际知识和专业技能的团队，这些团队可以为企业策划税务布局、解决复杂的税务问题提供强有力的支撑。天津在培养具有国际视野的税收服务人才方面有一定的短板。这种人才短缺对企业而言可能意味着缺乏获取全方位、专业化税务服务的渠道，进而影响其在国际税收规划和合规性方面的业务执行。

五、税收优惠政策执行复杂

部分税收优惠政策在执行过程中存在程序复杂、审批烦琐等问题。这不仅增加了企业的行政成本，还可能影响企业及时享受政策优惠的积极性。这方面的短板和不足主要表现如下。

（一）程序复杂、审批烦琐

实施税收优惠政策的过程涉及众多政府部门，环节错综复杂，这催生了繁杂的程序和冗长的审批流程。企业要想享受税收优惠，需要投入大量的时间和精力去研究和遵循这些规定。叠加的要求和过程的烦琐性也有可能让一些企业因不具备充分的条件或资源去应对这些挑战，而选择主动放弃追求本可获得的税收减免。

（二）政策解读不明确

缺乏明确性的税收优惠政策解释往往导致企业在政策领悟和应用上感到迷茫，此情形成为企业有效遵循和利用税收优惠的障碍。缺乏明确性的政策条文和指导原则给企业在填报税务数据时带来诸多不确定性，企业很可能因理解错误而犯下申报错误或忽略可用的税收减免项，进而损害到优惠政策的执行质量和实际成效。

（三）政策执行不统一

在施行税收优惠政策方面，地区差异与部门间执行的不一致性可能造成一个复杂的合规环境，其中企业在不同行政区域或不同管理部门可能遭遇各异的政策解释和执行准则。这种标准化的缺失不仅令企业在跨区域运作时面临着不同的政策界定和合规要求，也为企业的日常经营带来了额外的合规风险和不确定性因素，阻碍了企业的顺畅运营。

（四）缺乏有效的监督和反馈机制

税收优惠政策的执行缺少一个高效的监管和实时反馈系统，这种机制上的欠缺可能导致政策实施中的弊端不能及时被解决，影响了政策效果的最大化。同时，企业在追求合法的税务优惠时，缺乏一个畅通无阻的反馈渠道，这不仅削弱了政策的适应性和针对性，还增加了政策施行的复杂度。

六、对新兴产业的支持不够明确

新兴产业，如数字经济、绿色能源等在全球范围内蓬勃发展，但天津在针对这些新兴产业的“走出去”财税政策方面尚不够明确和具体。这可能导致这些产业在海外市场的发展受到一定限制。这方面的短板和不足具体表现如下。

（一）政策针对性不强

随着数字经济、绿色能源等新兴产业的快速崛起，它们所展现的发展动态及市场需求的独特性，显著不同于传统行业。这些行业对于创新型的财政和税收政策有着迫切的需求，以支持其在全球经济舞台上的拓展和竞争力的提升。尽管这种需求刻不容缓，但天津现有的政策框架尚未充分适应和反映这些行业的迅速变化和独有的业务模式，缺乏专门为新兴产业量身定制的激励措施和支持机制。为确保天津在新兴产业领域保持活力，并在国际市场中打出一片天地，必须对现行政策体系进行高度的优化。

（二）缺乏明确的发展规划

天津在推动新兴产业，如数字经济、绿色能源等向国际舞台扩张的战略规划方面尚显模糊，缺少具体而细致的发展蓝图。这种模糊性导致天津本地企业若无清晰的政策导向和充分的政府支持，则在海外市场拓展过程中难以有效利用国际资源，也无法与同行业的国际竞争者形成有效竞争。缺乏协同化的政策支持和战略指引，不但妨碍产业在全球市场中合力作战的能力，也可能削弱这些新兴行业在国际竞争中提升影响力的潜力。

（三）创新支持不足

新兴产业的发展核心被创新主导，其涵盖维度广泛，不仅仅局限于技术的突破，还包括商业模式的革新等多个层面。在这一创新驱动的背景下，天津针对新兴产业的支持性财税措施却显示出一定程度的不足，特别是在研发资金投入方面的税收激励措施，以及对于创新成果转化过程中的扶持政策体系的缺失。这一政策的不完整性可能会使得本地企业在研发和创新的道路上承受过重的资金负担与过高的市场风险，进而抑制它们将创新成果推向国际市场的积极性和最终效能的实现。

（四）国际合作与交流不足

新兴产业的兴盛需策略性地融入全球价值链，这依赖于在国际层面的广泛资源共享与市场接轨，以及与世界各地的业界进行的深度合作和持续交流。面对这一需求，目前天津在助力企业加强国际联系方面的财税政策显得不够深入，尤其是在经费支持方面，如专项基金的设置以及提供税收优惠等方面的配套措施（用以鼓励本地企业积极参与国际展览、论坛和其他商务活动）尚显缺位。这一财税背景的不足限制了天津企业在促进国际业务接触和技术交流方面的能力，拖缓了新兴产业，如高端制造、生物技术、信息技术等的全球化进程，继而影响了其在全球舞台上的影响力和市场竞争力。

七、缺乏长期、稳定的财税政策

财税政策的稳定性和连续性对于企业的长期规划至关重要。然而，天津在促进企业“走出去”的财税政策方面存在一定的调整频率和不确定性，这可能影响企业的战略决策和投资信心。这方面的短板和不足具体表现如下。

（一）政策调整频率较频繁

天津财税政策的调整呈现出较高的变动频率，这种政策的波动性要求企业持续关注并快速响应政策上的新变化。然而，频繁的政策调整可能会为企业带来不小的挑战，尤其是在制定长远发展战略时给企业增加诸多不确定性因素。在企业面临国际市场扩展与全球市场布局决策时，这种政策变动可能会使它们对未来的预测和判断显得捉襟见肘，从而在“走出去”的路上变得犹豫不决。

（二）政策连续性不足

除频繁调整之外，天津在确保财税政策的持续性方面也有所欠缺。企业在执行政策的过程中，有时会遭遇政策的突然中断或改变。这样的政策间歇性使得本应构筑长期稳定预期的企业陷入困境。由于政策方向的不确定性，企业在面临重大投资抉择时可能会采取更加保守的策略，可能会抑制企业进行全球化扩张的潜力。

（三）政策透明度和可预测性有待提高

透明度和可预测性构成稳定政策框架的基石，尤其是在财税政策领域。天津在此方面尚存在提升空间。面对财税政策的制定与实施，企业往往受制于不够公开的决策流程和模糊的实施指引，难以精确掌握政策的方向及细节。这种模糊的政策界定为企业带来额外的合规挑战，迫使企业在“走出去”的道路上倍加谨慎，潜在地影响其国际化战略的执行力度与效率。

（四）缺乏有效的政策沟通和反馈机制

有效的对话机制是稳定企业运营及促进政策环境持续性的关键。当前，天津在激励企业国际化扩张的财税政策推广方面，尚未建立起强有力的政策沟通与反馈体系。这种机制的缺乏造成了企业在应对政策变动时获取信息不及时、调整应对策略迟缓，进一步增加了企业的运营风险，并加剧了市场预期的不稳定性。

八、海外投资风险防范能力不足

企业在“走出去”的过程中可能面临多种风险，包括政治风险、汇率风险等，而这些风险往往对企业的经营和财务状况产生重大影响。然而，目前天津的财税政策在支持企业防范这些风险方面还存在一些不足，具体表现如下。

（一）政治风险防范支持不足

企业在跨国经营时必须重视政治风险的影响，这种风险管理是海外投资成功的决定性要素之一。天津尽管有意图促进本地企业的国际化发展，但目前的财税政策在企业应对海外政治风险方面还显示出一定程度的不足。具体来说，天津目前还没有形成专门针对政治风险的财税保障措施，如缺乏为海外投资提供覆盖政治风险的保险产品，或者为受政治风险影响的企业提供税收减免等方面的优惠政策等。这种政策方面的空白可能会使企业在遭受海外政治变动或政治不稳定时，缺少必要的财税援助，从而需要承受更大的经济负担。

（二）汇率风险防范机制不健全

对于海外投资企业而言，汇率波动带来的财务风险是一个难以避免的一个挑战。在这一领域，天津的财税政策目前尚显薄弱，尤其是在为企业提供应对汇率变动的支持策略方面。当前这一政策框架并未包含适当的税收调节措施或财政援助项目，以帮助企业减轻汇率波动可能导致的经济负担。这种政策框架方面的不足，可能导致企业在面对不可预见的汇率变化时，承受不必要的财务压力，进而影响其在国际市场上的稳定运作和营利能力。

（三）缺乏全面的风险评估和预警机制

目前，天津在助力本地企业拓展海外业务的过程中还未建立详尽的海外投资风险评估体系和前瞻性的预警机制。这种机制的缺失限制了企业在迈向国际市场之前，对潜在风险因素进行深入分析和及时识别的能力。如果缺乏一个系统的方法来准确判断目标投资环境中可能遇到的政治、经济、法律及文化风险，企业在规划“走出去”战略时所面临的不确定因素和潜在威胁就会增加，这不仅加剧了投资过程的复杂性，也增加了失败的概率。

（四）国际税收合作有待加强

在缓解海外投资风险的策略中，加强国际税收合作是一个不可忽视的环节。目前天津尚需在此领域加大力度，尤其是在缔结跨国税收协议以及实施税收信息共享方面的发展空间较大。有效的国际税收合作机制对于避免双重征税和揭示潜在的税务风险至关重要，然而，天津在这一层面的活动亟待深化，需要通过与其他国家和地区建立更加紧密的税务沟通与协同，来加强税收征管合作以及提升信息透明度和可获得性。

第五节　助力天津企业“走出去”的财税支持政策研究

本节在介绍国内外相关经验的基础上，从财政政策支持、税收政策及服务支持、其他配套措施三方面为助力天津企业“走出去”提供财税支持政策建议。考虑到天津作为直辖市，在企业“走出去”过程中所面临的问题可能具有全国典型性，而省级政府在税收政策调整方面的自主权相对有限，本节还将为国家层面的税收支持政策提供建议。

一、海外国家鼓励企业“走出去”常见的财税支持政策

（一）财政支持政策

1. 设立多种形式的财政补贴和奖励

很多发达国家会提供多形式、易申请的海外投资补贴，用于支持企业在海外设立生产基地、研发中心或销售网络等，主要目的就是鼓励包含中小企业在内的更多企业“走出去”。这些财政补贴和奖励政策能够有效地激发企业进行海外投资的积极性，推动企业实现国际化发展。以日本为例，其通过建立海外投资准备金制度、设立海外经济合作基金等措施鼓励企业对外直接投资。这些激励项目覆盖面非常广泛，如为企业赴海外考察投资环境发生的机票费、旅居费提供补贴，为企业参与海外矿山探矿调查费用的 75%、钻探费用的 50% 提供政府补贴[①]。

2. 设立第三方融资基金或机构

部分国家在支持企业“走出去”的过程中，除了直接的政府补贴和奖励，还会通过设立第三方融资基金或机构的方式为企业提供资金支持。这些基金或机构通常由政府、金融机构或企业共同出资设立，为一些有海外拓展意愿的企业提供更为灵活的资金支持，帮助企业在全球拓展业务、提升竞争力。以美国为例，其一直重视对海外投资企业的财税支持政策建设，不仅有美国进出口银行这样的政府机构参与，以促进美国产品在海外的销售，为外国大规模经济开发项目购买美国设备、原料和劳务提供买方信贷和卖方信贷，还有像美国海外

① 程都．优化对外投资支持政策：主要投资大国对外投资支持政策差异分析［J］．中国投资（中英文），2021（增刊 9）：32–34.

私人投资公司这样的政企合作机构，主要通过提供一般商业上得不到的金融服务来帮助美国企业扩大在发展中国家和新兴市场国家的投资，为对外投资和经营的企业提供多种形式多样的补贴和低廉的借贷资本。这些基金和机构均对美国本土企业的海外扩张起到了重要的推动作用[①]。此外，一些国家还设立包含政府、投资机构在内的风险投资基金，专门支持高风险但具有创新性和成长潜力的海外投资项目，为这些创新型企业提供资金支持，推动其在海外市场的发展。这些第三方融资基金或机构不仅能通过提供贷款支持来帮助企业，还能通过股本融资的方式，特别是少数股权收购的形式，为企业提供多元化的资金支持。它们的参与减少了“走出去”项目的风险，还为企业开辟了重要的融资渠道，为企业提供了宝贵的资金支持。

3. 财政担保

为企业提供财政担保，可以降低企业在海外投资经营中的风险，增强企业的信用度，从而给企业带来更多的融资机会。以韩国为例，为了鼓励企业“走出去”，韩国政府为企业对外直接投资提供贷款担保，贷款总额最高可达项目投资额的90%。这种财政担保措施能够降低企业“走出去”的风险，并为企业提供充足的资金支持，从而鼓励更多的企业拓展海外市场。

（二）税收政策及服务

1. 税收抵免制度

为了减轻企业在海外投资经营中的税收负担，许多国家实行税收抵免制度，即企业在海外缴纳的税款可以在本国应纳税款中进行抵免，避免双重征税。这一制度有助于降低企业海外投资的税收成本，提高企业的投资回报率。不同国家的税收抵免方法大有不同，以日本为例，日本采用综合限额抵免法，且允许本国海外投资经营企业将其在不同国家的投资抵免限额调剂使用，最大限度地让利于企业。这意味着，如果一家企业在海外某个国家的投资抵免限额未完全使用，它可以将其剩余的抵免额度转移到其他国家继续使用，以充分利用其在全球范围内的投资。这种方法为跨国企业提供了更大的便利性和灵活性，最大限度地减少其税收负担，进而增加其整体盈利，能够激励企业更加积极地开展跨国投资活动。

---

① 张晓兰. 美国对外直接投资的阶段性特征及其对中国的启示［EB/OL］.（2017-03-24）［2024-06-05］. http://www.sic.gov.cn/sic/81/456/0324/7797_pc.html.

2. 税收饶让条款

税收饶让是指居住国政府对其居民企业在来源国得到的免税或者税收优惠，视为已经缴纳，同样给予税收抵免待遇。这是居住国政府对其居民企业在国外得到的减免税优惠的一种饶让或放弃，也称"饶让抵免"。许多国家在双边税收协定中均设有税收饶让条款，以进一步减轻企业在海外投资经营中的税收负担。以韩国为例，其对外签订的税收协定中大多包含税收饶让条款，这意味着韩国企业在与这些国家进行投资合作时，可以享受到更多的税收优惠。这种政策不仅有助于降低企业的税收成本，还能鼓励企业更加积极地拓展海外市场，进一步推动韩国的对外经济合作。

3. 亏损结转与补偿机制

为了降低企业在海外投资中可能面临的风险，许多国家引入了亏损结转与补偿机制。这一机制允许企业在一定年限内将其在海外的亏损抵减其在国内的盈利，以平衡企业在不同年份的税负，稳定企业的现金流，增强企业抵御风险的能力。常见的做法是只允许亏损向未来年度结转，但也有一些国家允许向以前年度结转，如加拿大、捷克、法国、德国、爱尔兰、日本、韩国、荷兰、挪威、英国等。这种相较于单纯向后结转亏损的做法，更有助于缓解企业在海外投资初期可能面临的资金压力，为其提供更强大的财务支持。

4. 出口退税优惠政策

出口退税优惠政策是各国政府为了鼓励出口、提高本国产品在国际市场上的竞争力而采取的一种税收措施。这一政策的实施，不仅可以降低企业的运营成本，增加其出口收入，还有助于提升企业在国际市场上的竞争力。很多国家都颁布了出口退税政策，但是不同国家的出口退税涵盖行业和产品有所不同。

5. 对外投资风险准备金税收制度

包括日本、韩国等在内的部分国家允许对外投资者将一定比例的海外投资额作为投资风险准备金积存起来，这部分资金被认为是损失费而享受免税优惠。当投资发生损失时，投资者可以从投资风险准备金中得到补偿；如果规定年限内没有发生投资损失，那么这部分资金将逐年合并到应税所得收入中纳税。该制度不仅有利于帮助企业建立风险储备，还能减轻对外投资企业的税收负担。

6. 税收服务

各国鼓励企业对外投资经营的税务服务类型大同小异，但都会依据自身国情做出特色调整，如国际税收政策宣传与解读服务、税收征管与咨询服务、海外税收风险管理与防范服务、税收协定解读服务、国际税收争议协调服务等。无论是哪种类型的服务，都旨在为企业提供全面的税收支持和保障，帮助企业更好地适应不同国家的税收环境，降低税收成本，防范税收风险，实现跨国经营的可持续发展。

（三）其他配套政策及服务

1. 跨国贸易及投资促进服务

以美国为例，为支持企业“走出去”，政府牵头联合商务、法律、科技等多部门力量开发了全球贸易信息服务平台，为广大企业提供贸易资讯、培训和技术援助、知识产权保护、海外市场规划和营销等个性化服务。除此之外，政府每年都会邀请各行业专家举办上千场论坛与会议，并且所有具有跨国投资和经营意向的企业均可参与。同时，商务部门每年都会编制发布具有前瞻性的全球市场报告，以帮助企业寻找海外潜在的市场机会。

2. 海外保险及法律服务

除了为“走出去”企业提供财政担保以获取融资，许多国家还提供全方位的海外保险服务来进一步保障企业的利益。这些保险服务通常由政府联合专门的保险公司提供，旨在帮助企业对抗海外投资中可能遇到的各种风险，如政治风险、自然灾害、战争等，这类保险可以在企业遭受损失时提供资金支持，帮助企业尽快恢复生产经营活动。除了上述保险服务，一些国家还提供专门的法律咨询服务，帮助企业在海外投资过程中处理各种法律问题，如合同签订、知识产权保护、争端解决等，以帮助企业更好地适应海外市场的法律环境，降低法律风险。

3. 国际财税及贸易人才培养

为了支持企业“走出去”，各国政府纷纷加强对国际财税及贸易人才的培养和引进力度。以新加坡为例，其不仅重视高端人才教育，还重视职业教育，有计划地培养政府和企业高端人才，并提前介入产业发展方向，整合政商学资源，为保持国际竞争优势提供人才支持。此外，新加坡政府还发展继续教育，为不同群体提供量身定制的培训计划，以留住人才并促进事业发展。这些措施共同构成了新加坡人才政策的重要组成部分，当本地企业在海外投资和贸易中出现困难时，这些受过良好教育和培训的财税及贸易人才就能发挥至关重要的作用。他们不仅能够为企业提供专业的税务咨询和风险管理服务，还能协助企业处理复杂的国际贸易事务，确保企业在全球市场中保持竞争优势。这些人才还能在企业与政府之间架起一座沟通的桥梁，帮助企业和政府更好地理解不同国家的税收政策和贸易规则，为新加坡的经济发展和国际竞争力提供有力保障。

二、中国深圳市鼓励企业“走出去”特色财税政策及服务

作为中国改革开放的前沿阵地，深圳不仅在国内经济发展中发挥着关键作用，高度的市场开放度和创新能力也使其成为中国企业国际化的重要窗口和“试验田”，在中国的“走出去”发展战略中占据着举足轻重的地位。除地理位置和国家政策支持外，深圳在推动企业“走出去”过程中也积累了较为丰富的经验和成果。本部分重点分析深圳在推动企业“走出去”过程中所用到的财税支持政策和其他配套措施，为天津在制定“走出去”相关政策时提供借鉴和参考。

（一）财政支持政策

1. 设立多项企业“走出去”财政补贴基金项目

深圳为了鼓励企业“走出去”，设立了多项大额财政补贴基金项目。这些项目不仅涵盖多个行业，也考虑了海外投资、海外并购、海外市场开拓等多项对外投资和经营内容，旨在降低企业海外拓展的成本，提升企业的国际竞争力。以《深圳市关于推动对外投资合作高质量发展的若干措施》（深商务合作字〔2021〕37号）为例，该政策鼓励深圳企业“走出去”，积极参与国际经济合作和竞争。有“走出去”意向的企业可通过申请对外投资合作扶持计划来申请相关补贴，以工程项目为例，该政策鼓励企业承接对外承包工程业务并给予较高补贴：对于首次开展对外承包工程业务且完成营业额在100万美元（含100万美元）以上的企业，给予20万元奖励，在此基础上，完成营业额每超过100万美元增加10万元奖励，最高奖励200万元。除此之外，还设置对外承包工程绩效增长奖励，对境外承包工程项目营业额实现年度同比增长并达到一定规模的，给予相应奖励。另外，该政策对于境外展览重点支持项目也予以资助。例如，支持深圳企业在发达国家及“一带一路”沿线等重点市场参加重点展会，搭建品牌展会平台，拓展国际市场，支持组展单位组织企业参加境外展览重点支持项目，鼓励重点企业“走出去”，加强深圳优质产品推介。

2. 发挥财政导向作用，引领高新技术产业“走出去”

深圳一直是中国高新技术产业发展的排头兵，拥有众多在科技研发、产品

创新和市场拓展方面具有领先地位的企业。为了推动这些企业更好地"走出去"，深圳充分发挥财政的导向作用，设立高新技术产业发展专项资金用于资助科技企业进行研发、购置先进设备、参加国际展览等，鼓励企业积极参与国际竞争，拓展海外市场。

3. 注重帮扶中小微企业开拓海外市场

中小微企业是深圳经济发展的重要力量，也是"走出去"战略的重要参与者。为了支持这些企业开拓海外市场，深圳也推出了一系列专项财政支持政策：设立中小企业发展基金、创业投资引导基金等基金项目，重点支持中小企业创业创新发展；为领取出口信用保险保单的中小微外贸企业免费提供中国出口信用保险公司海外资信报告，以帮助它们更好地了解海外客户的信用状况；协助企业通过扩大赊销比例等方式，积极开拓资信良好的客户，从而进一步提升企业的海外市场竞争力。

（二）税收政策及特色服务

1. 联合多部门提供专业且精准的国际税务服务

深圳的税务部门针对"走出去"企业提出的国际税务问题，会联合其他部门为企业提供全面且具体的税务咨询方案和风险管理服务，如协助企业设计离岸投资架构、计算合规成本等。精准的服务不仅能够更好地帮助企业进行海外投资和经营，也使企业更加清晰地了解海外市场的税收政策和规定，避免税收问题导致的经济损失。

2. 提供实时的国际税务信息解读

深圳市税务局积极探索建设全球税收征管研究（深圳）中心，组建"一带一路"协作中心、国别税收研究中心、"语税人"翻译团队、"走出去"首席联络员等团队，跟踪G20国际税改、OECD和联合国数字经济税收规则调整及各国最新税收资讯，形成了《"一带一路"税收》《OECD国别报告使用指引》等成果供广大"走出去"企业使用。

3. 积极协调解决海外税收争议

深圳市税务局组织成立了"市局专家团队+基层业务骨干"的"走出去"涉税案件应对小组，积极协调解决企业在海外遇到的税收争议。当企业在海外遇到税收问题时，深圳市税务局会主动与海外税务机构进行沟通和协调，为企业争取合法权益。同时，深圳市税务局会为"走出去"企业设定"首席联络员"，让企业在遇到海外税收争议时能够第一时间得到援助，并且针对不同行业企业的实际情况分类采取应对策略，积极帮助企业在海外抗辩应对。

4. 为企业营造良好的国际税收营商环境

近年来，深圳市税务局积极拓宽国际交流渠道，通过派驻境外税务人员等方式，与“一带一路”国家、国际经济组织等开展密切交流，不断加强国际沟通，为企业营造了良好的国际税收营商环境。驻外税务人员会积极联络当地会计师事务所、税务师事务所，了解国外最新税收资讯及税收优惠政策，收集深圳企业在境外的涉税问题并反馈国内。深圳市税务局还依托派驻境外的税务人员，及时向国际组织、当地政府和企业介绍我国税改最新成果、纳税服务与征管经验，促进各国政府和企业了解我国税制与税收管理动态，积极展示我国税收文化软实力，帮助“走出去”企业在国际化经营中行得更稳、走得更远。

三、助力天津企业“走出去”的财税支持政策建议

（一）财政政策支持

1. 明确财政政策导向

在推动“一带一路”倡议中，财政政策扮演着至关重要的角色。为了有效地利用财政政策，天津市人民政府需要明确其政策目标，即在支持“走出去”战略时，突出对“一带一路”有贡献的企业、行业给予财政支持。首先，明确当前“一带一路”倡议下财政政策的重点扶持对象。近年来，在对外投资企业类型中，大型国有企业比重逐年下降，而中小民营企业的发展势头强劲。但是通过调研可以发现，这些民营企业在进行海外投资时仍存在一定的资金困境。因此，建议将中小民营企业作为“一带一路”建设中的重点财政扶持对象。针对符合条件的民营企业，政府应对其在沿线国家的投资设厂、高新技术研发、新产品展销等活动给予资金支持和费用补贴。其次，梳理“一带一路”倡议下天津海外重点投资产业和行业方向并展开针对性扶持。由于部分“一带一路”沿线国家的基础设施建设对落后，当前我国“走出去”企业大多以制造业为主，围绕海外工程建设展开投资。因此，财政资金可以多向建筑行业和通信设施行业倾斜，如设立专门的扶持基金、贷款贴息等。另外需注意与国家整体发展布局以及天津特色产业发展方向相结合。我国当前正同“一带一路”沿线国家在健康、绿色、数字、创新等领域展开合作，因此诸如智慧医药、绿色科技、信息产业、智能制造、新能源汽车等高新技术行业，都将成为未来我国企业走向海外重点布局的集群，在沿线国家也

将拥有广阔的发展前景。近年来，天津大力发展建设优势突出的现代化产业体系，相关财政部门也可以此为指导方向，挑选符合发展条件的行业、企业展开重点扶持，稳步培育新兴海外发展增长点，制定单独的高新技术、新能源等新型产业“走出去”专项财政支持政策。

2. 完善财政补贴范围和内容

本书在第四章总结了天津“走出去”企业所遭遇的海外财税风险和当前它们急需的一些财税政策。财政部门可以参考该部分内容，按照企业海外投资经营阶段进行企业风险和需求的梳理，并据此不断完善财政补贴的范围和内容。例如，在投资决策阶段，可以重点支持企业设计、策划海外投资方案；在融资与资本运作阶段，可以联合银行等其他部门为企业拓宽融资途径、给予融资补贴；在运营管理阶段，应及时跟进企业需求，从人才、保险等多方面予以财政支持；在利润分配与再投资阶段，为企业寻找新投资机会所发生的费用等提供财政补助；在退出投资阶段，在企业所需的退出风险评估服务、资产合理处置咨询服务等方面加强财政支持力度，确保企业退出过程顺利无阻。“急企业所急”的财税政策才能真正帮助企业解决海外投资经营中的实际问题，为企业“走出去”全程保驾护航。

3. 重视对企业“走出去”投资决策阶段的财政补贴

经过调研我们发现，企业在“走出去”的初期投资决策阶段常会出现资金短缺的情况，往往需要大量财政资金支持，且此阶段决策会对后期的海外生产经营产生重大影响。首先，该阶段的补贴可以有效降低企业海外投资的门槛和风险，激发企业“走出去”的热情和增强企业的信心。因此天津的财政部门可以设立专门的“海外考察和调研”补贴，鼓励有意向进行海外投资的企业对“一带一路”沿线国家投资环境和市场需求展开深入了解。同时，天津还可以考虑推出“海外投资前期咨询服务补助”政策，协助企业购买高质量的财税咨询服务，搭建好初期海外投资设计和架构。这些财政补助不仅可以减轻企业的财务负担，还能帮助企业走稳进军海外的第一步，提高海外项目的成功率，为其后续发展奠定坚实基础。

4. 加强“走出去”专项财政资金监管力度

为了确保“走出去”专项财政资金使用的有效性和合规性，应加强对此部分资金的监管。有关部门可建立健全资金监督机制，确保财政资金专款专用，防止资金挪用和滥用，科学合理地划分财政补贴范围和明确补贴对象。加强对资金使用过程的监督和审计，确保资金按照经审批的用途进行使用，并及时发现和纠正违规行为。此外，还应建立起资金使用绩效评价制度，定期评价财政补贴和支持项目的有效性，及时调整资金的配置和使用策略。“走出去”企业也应积极配合财政部门的监督工作，确保资金使用得合规和有效。

（二）税收政策及服务支持

1. 国家层面税收支持政策建议

（1）优化税收协定网络

在助力企业“走出去”的过程中，在国家层面应不断完善与“一带一路”沿线国家的税收协定网络，以降低中国企业在海外投资中被双重征税的风险。同时，中国应定期对已签署的税收协定进行评估和更新，以确保协定的内容适应新的国际税收环境和企业的需要。

（2）完善税收抵免政策

根据 2017 年颁布的《财政部 税务总局关于完善企业境外所得税收抵免政策问题的通知》（财税〔2017〕84 号），企业可自主选择不分国（地区）不分项或分国（地区）不分项汇总计算其来源于境外的应纳税所得额，但是一经选择 5 年内不得改变，同时将抵免层级由三层扩大至五层。虽然这较以往政策已有所优化，但是仍存在需要持续改进的地方：首先，针对企业在境外取得的股息所得，目前在计算抵免额时对企业对外持股比例规定为 20%，这与国际通行的 10% 相比还偏高，在风险可控的情况下可以考虑继续下调，扩大抵免企业范围。其次，简化分支机构的计算规则。例如，对境外分支机构的应纳税所得额计算以会计利润为基准，仅依据税法调整永久性差异，对于广告费、业务招待费等时间性差异减少调整或者不再调整，这样能够降低企业在纳税方面的遵从成本。最后，做好政策衔接与解读。税务部门需要持续调研新政策颁布后对于企业过往抵免政策选择的影响，做好新旧政策的衔接工作，编制和修订相关操作指南和案例，更有效地指导企业顺利过渡[①]。

（3）稳步扩大对外投资所得免税政策试点

《海南自由贸易港建设总体方案》明确指出，对在海南自由贸易港设立的旅游业、现代服务业、高新技术产业企业，其 2025 年前新增境外直接投资取得的所得，免征企业所得税。该政策是对海南省内特定行业企业在境外直接投资所得的一种税收优惠政策，旨在鼓励这些企业扩大对外投资力度。因此，为了更好地

① 周梅锋，杨昌睿. 关于完善我国企业境外所得税收抵免政策的探析[J]. 税收经济研究，2021，26(2)：16–20.

激发我国企业“走出去”的动力，可以考虑逐步扩大对外投资所得免税试点的范围，选择一些具有代表性的地区和行业进行试点，为企业在海外投资经营中提供更大的税收优惠，进一步激发企业“走出去”的积极性。

2. 加强税收服务与指导

（1）继续做好对涉外税收政策的解读与宣传

天津税务部门应继续加强对涉外税收政策的解读和宣传，有效利用“税路通·e企津彩”税务服务品牌和相关数字化平台，及时发布政策解读文章，提高企业对税收政策的认知度和运用水平。另外，可以逐步建立起天津的海外投资税收服务平台，为本地企业提供一站式税收服务，包括政策咨询、税务筹划、税务申报、税收协定利用等，方便企业随时随地获取税务帮助。

（2）建立税收服务专家团队

天津税务部门可以挑选一批熟悉国际税收规则、具备丰富海外涉税经验的税务人员，组建税收服务专家团队，专门负责为“走出去”企业提供个性化的税收咨询和解决方案。从企业海外决策的税务成本考量到海外退出阶段的税务清算，专家团队可以跟随企业实时调研，帮助企业诊断问题，提供解决方案。这不仅能够确保企业在海外投资经营中遵守税收法律法规，降低税收风险，还能为企业在复杂的国际税收环境中提供最优的税务筹划方案，提高企业的经济效益。

（3）加强与国外税务机构的合作与交流

天津税务部门可以积极与本市企业常投资的目标国家税务机构建立合作与交流机制，通过定期举行双边或多边税务会议的方式，共同研究和解决企业在海外投资中遇到的税收问题。同时，可以加强与国际税收组织的合作，及时了解和掌握国际税收规则的变化趋势，为企业提供最新的税收政策信息。

（4）逐步完善海外税收争议协调处理机制

当企业在海外投资经营中遇到税收争议时，一个完善的协调处理机制能够为企业提供及时、有效的帮助。为此，天津税务部门可以逐步完善海外税收争议协调处理机制，明确争议处理的程序、规则和时间限制，编制成手册或者操作指南提供给企业。让企业在海外遭遇困难时能够第一时间联系到对应联络人，及时启动协调处理机制，提高争议处理的效率和公正性。

3. 其他配套政策及服务

（1）优化天津营商环境

为了进一步推动天津企业“走出去”，必须持续优化天津的营商环境，包括但不限于进一步简化企业注册流程、降低企业运营成本、提高政府服务效率、加强知识产权保护等。同时，可以汲取深圳经验，加大对中小微企业的扶持，如提供融资支持、减免税费、提供技术咨询等，帮助这些企业增强自身的竞争力和创新能力，进一步做大、做强。此外，可以借助政府力量，通过新媒体等各种宣传途径，积极推广天津的特色优质产品和服务，提高企业在国际市场上的知名度和影响力，为企业的海外扩张提供更多的机会和空间。

（2）加强与金融机构的合作

“走出去”企业在海外投资经营中，往往需要大量的资金支持。因此，天津财税部门可以加强与金融机构的合作，共同推出针对天津“走出去”企业的特色金融产品和服务。可以积极对接产业链与资本链，精选优质金融资源和产业资本开展合作，为企业提供海外投资贷款、信用证等金融服务；还可以积极推进与保险机构及产业龙头合作设立基金，推出多种类、全覆盖的海外投资保险，为企业海外投资提供全面的风险保障。

（3）建立跨部门合作联动机制

为了形成工作合力，更好地服务于“走出去”企业，可以建立以政府为主导，协调财税部门与其他相关部门的合作联动机制。例如，与商务部门合作，共同推动天津企业海外投资项目的筛选和推荐工作，为企业提供项目前期咨询、风险评估等服务；与行政、安全等部门合作，为企业提供海外政治风险评估、外交渠道沟通协调等服务；与海关、检验检疫等部门合作，为企业提供通关便利化、进出口货物检验等服务；与法律部门合作，为企业提供海外投资法律风险评估、法律援助等服务；与技术部门合作，为企业提供技术支持和咨询，帮助企业在海外投资中更好地应对技术挑战和市场竞争。通过跨部门合作联动，形成全方位、多层次的服务体系，为天津“走出去”企业提供更加全面、高效的支持和保障。

（4）利用港陆空地理优势打造面向全球的贸易枢纽

天津自古以来就是水陆交通枢纽，如今依托“一带一路”海陆交汇点的区位优势，天津应加快打通贸易大通道，成为全国对外开放枢纽，推动建设一批面向“一带一路”沿线国家和地区的商品直销、专业贸易及国别商品展示交易中心。这些中心将成为天津与世界各地经贸往来的重要平台，不仅可以展示和销售天津的优势产品，提高天津品牌的知名度和影响力，还能吸引更多的国际合作伙伴，进一步拓展天津企业的海外市场。

（5）培养建立国际税收人才库

通过调查发现，天津很多“走出去”企业都难以找到合适的国际税收专业人才，这已成为制约企业海外发展的重要因素之一。因此，为了支持企业更好地“走出去”，天津财税部门可以利用自身的专业优势，协助培养并逐步建立起国际税收人才库。例如，可以在税务部门内部选拔优秀人员，通过专业培训和实践锻炼，培养他们成为熟悉国际税务规则、具有跨文化沟通技能的专业国际税收人才。同时，可以与大学和科研机构建立合作关系，共同开设与国际税收相关的专业课程，培养更多社会化专业财税人才，更好地为“走出去”企业提供专业的财税支持和服务。

综上所述，持续推动天津企业“走出去”需要由政府牵头，协调各部门发挥自身所长，共同为企业提供全方位的支持和服务。只有多方联动形成合力才有助于提高天津“走出去”企业的竞争力和适应能力，推动天津对外开放水平不断提升。未来，天津应继续深化改革开放，加强与国际社会的交流与合作，为本地企业提供更加广阔的市场空间和更加优越的发展环境。

第六章 “一带一路”倡议下的税收征管合作机制及“走出去”企业的财税人才培养

第一节 “一带一路”倡议下的税收征管合作机制

一、国际区域经济合作和税收征管合作概述

（一）国际区域经济合作概述

1. 国际区域经济合作

国际区域经济合作是指不同国家和地区之间，为了共同的经济利益和发展目标，通过协议、条约或组织形式，在一定范围内进行经济协调和整合的过程。它是当今世界经济发展的重要趋势之一，在促进区域内贸易自由化、投资便利化、技术转移和资源共享方面均发挥了重要作用。国际区域经济合作的本质是通过制度性的安排，消除或减少成员间经济交流与合作的障碍，推动区域内商品和要素的自由流动，实现资源的最优配置。这一合作过程不仅涵盖了贸易、投资、金融、科技、环保等多个领域，还涉及各种形式的制度安排，如自由贸易区、关税同盟、共同市场、经济联盟等。

2. 国际区域经济合作组织

在全球经济一体化的背景下，各类型的国际区域经济合作组织应运而生，它们在全球经济中扮演着至关重要的角色。这些组织不仅促进了成员之间的贸易和经济合作，提供了更多的经济机会和增长潜力，还为地区的稳定和发展做出了巨大贡献。目前发展较为成熟的区域经济合作组织有欧盟、北美自由贸易区、亚太经济合作组织（Asia-Pacific Economic Cooperation，APEC）等。这些组织通过

制定共同的政策和规则，促进了成员之间经济合作和一体化进程，最终实现互利共赢的局面。

（二）税收征管合作概述

1. 内涵

税收征管合作主要通过经济、法律和税收政策的手段，推动一定范围内成员间的税收政策逐渐趋同或统一。这种合作旨在减少或消除商品、技术、劳动力和资本等要素在国际自由流通的障碍。国际税收征管合作通过税收情报交换、国际反避税合作以及国际税收稽查等方式，强化税收征管的国际合作，以减轻各国（地区）间的税收利益摩擦和冲突，实现税收利益的共享。其目的在于推动各国和地区的共同发展，为经济发展营造良好的国际税收环境。

2. 合作模式

目前，国际税收征管合作主要有三种模式，即税收协定模式、区域协调模式以及国际协调模式。税收协定模式指各国通过签订国际税收协定，解决税收制度差异所导致的国际双重征税和偷税、漏税问题。区域协调模式则指通过各国的多边努力，逐步减少税制差异，使相关国家的某一税制乃至整体税制趋于一致。国际协调模式则指通过成立权威性的国际组织，对各国的税收政策进行统一协调。对于一些特定国际事务所产生的纳税义务，相关部门可以根据国际法所赋予的权力进行征收①。

3. 产生的原因

（1）不同国家税收管辖权重叠交叉导致重复征税

由于各国税收管辖权的差异，同一笔所得可能会被多个国家同时征税，这种现象称为重复征税，该问题的源头在于主权国家间税收管辖权的重叠与交叉。税收管辖权主要分为居民税收管辖权和来源地税收管辖权两种，居民税收管辖权是指征税国有权对其本国居民纳税人的全球所得和财产进行征税，而来源地税收管辖权则是根据纳税人所得和财产的来源地进行征税，不考虑其居民身份或国籍。居民税收管辖权依属人原则确立，其课税依据是纳税人在本国的居民身份。一国政府对取得本国居民身份或被认定为本国居民的自然人或法人甚至非法人的经济实体，有权对其来自全球的全部所得课税。来源地税收管辖权依属地原则确立，一国政府只对来自或被认为来自本国境内的所得行使课税权。属人原则和属地原

① 杨先越. 国际税收协调发展趋势探索与我国对策研究［D］. 长春：吉林财经大学，2014.

则是国际法关于国家税收管辖权的两个基本原则，它赋予一国主权行使范围。但在实际中，更多的是采用双重管辖权，即一国同时行使居民管辖权和来源地管辖权，对本国居民行使居民管辖权，对其来源于境内外的所得征税；对本国非居民则行使来源地管辖权，仅对其来源于境内的所得征税。

目前，全球大部分国家同时行使这两种税收管辖权，导致跨国纳税人的财产或所得一旦涉及多个国家，就可能因税收管辖权的重叠而产生国际重复征税问题。这不仅加重了纳税人的负担，还可能削弱其进行跨国投资的积极性，最终对全球经济环境和各国的经济利益产生不利影响。因此，各国需要通过税收征管合作来消除重复征税，以确保税收的公平性和效率性，维护国际贸易的正常开展。

面对国际重复征税带来的负面作用，各国都在积极通过国际税收协定和国内法来解决这一问题。目前各国国内所得税法采用的解决国际重复征税的方法，主要包括扣除法、免税法和抵免法。扣除法是指居住国政府允许纳税人就境外所得向来源国缴纳的税款从国内外应税所得中扣除的一种方法，即境外税收在国内作为费用扣除。扣除法的指导原则是把居住在本国的跨国纳税人在收入来源国缴纳的所得税视为一般的费用支出在计税所得中减除。与免税法对比，在扣除法下，纳税人的税收负担水平高，国外所得并没有完全消除重复征税，只是有所减轻。免税法也称“豁免法”，是指居住国政府对其居民来源于非居住国的所得额，在一定条件下放弃行使居民管辖权，免于征税。这种方法是以承认收入来源地税收管辖权的独占地位为前提的。承认收入来源地税收管辖权的独占地位，意味着居住国政府完全放弃对其居民来自外国所得的征税权利，而将这种权利无条件地留给这笔所得的来源国政府。抵免法是指对于纳税人来源于境内外的全部所得课征所得税的时候允许其在境外缴纳的所得税税款抵免企业应纳税款的一种方法。目前，多数国家采用的是抵免法。

（2）跨国纳税人逃避税行为频发

随着经济全球化的加速，跨国纳税人的数量和规模不断扩大，部分纳税人为了利益最大化开始利用各国税收制度的差异和漏洞，通过转移定价、资本弱化等手段来逃避税收。这种逃避税行为不仅损害了国家的税收利益，也破坏了国际税收秩序，还可能引发国家间的利益冲突与矛盾，不利于国际经济环境的长远健康发展。因此，各国需要加强税收征管合作，共同打击逃避税行为，维护国际税收公平和正义。

（3）经济全球化趋势下的必然要求

经济全球化使得各国经济联系更加紧密，资本、技术、劳动力等生产要素跨国流动更加频繁，推动了跨国投资、贸易和技术的快速发展。具有共同经济利益和发展目标的国际经济合作组织开始出现，组织内成员为了实现共赢，必须制定共同的税收政策和规则，协调各国税收制度，避免双重征税，并共同打击逃避税行为。这样的共同愿景直接促进了国际税收征管合作的深入发展，建立一定区域范围内的国际税收征管合作机制也成为经济全球化背景下的必然要求。

4. 国际区域经济合作背景下税收征管合作机制现状

在区域经济合作中，税收利益协调是不可或缺的一环。税收作为政府调控经济的重要手段，其政策调整和实施直接影响着跨国企业和投资者的经济利益。因此，在区域经济合作框架下，各国税务主管部门需要就税收政策、征管制度、税收协定等方面进行深入沟通和协调，以确保税收政策的公平性和透明度，降低税收风险。目前，在国际经济一体化进程中，许多区域已经形成了较为成熟的税收征管合作机制。例如，欧盟通过实施共同的税收政策、建立税收征管互助机制等措施，促进了成员之间的税收合作；北美自由贸易区也通过建立税收信息共享、税收争端解决机制等，加强了成员在税收领域的合作；美洲税收管理中心、非洲税务征管论坛、亚洲税收管理与研究组织等专门的区域税收征管组织也在稳步发展中。其中，欧盟的区域税收征管合作机制由于建立较早且其成员之间经济一体化程度较高，税收合作机制已相对成熟。在国际税改“双支柱”方案的谈判中，非洲税务征管论坛因其积极的集体行动也备受瞩目。这两种机制模式都能够为“一带一路”倡议下的区域税收征管合作提供宝贵的经验借鉴。

二、国际经济一体化区域税收征管合作实践与经验借鉴

（一）欧盟区域税收征管合作实践

目前，欧盟区域税收征管合作实践在全球最为成功，该税收征管合作实践措施可概括为以下几个方面。

1. 成立区域内多元、有组织的治理机构

欧盟为了加强区域内的税收征管合作，建立了一系列多元、有组织的治理机构。其中，欧盟委员会、欧盟理事会是欧盟税收政策的法律制定者和监督者，负责制定和修改欧盟的税收政策，监督各成员的执行情况，并与其他成员和区域外国家、地区协商解决税收问题。欧洲法院不仅负责欧盟税法的统一解释，还发展出多项欧盟税法原则，承担着为成员之间的税收争议提供仲裁的职能。此外，欧盟还成立了欧洲税收管理组织等非营利性政府间组织机构，为成员提供税收技术

援助、信息交流和争端解决等服务。这些机构分工合作，成为促进欧盟成员之间税收合作与协调，提高税收治理效率和质量的有力制度保障。

2. 积极推行区域内税收政策一体化

1968 年，欧盟建立关税同盟，取消了成员间关税，实施共同对外关税，关税同盟既是欧盟税收协调的开端，也成为欧盟经济一体化的起点。在间接税领域，欧盟通过颁布增值税与消费税指令，提高了各国立法的趋同性。例如，1967—2006 年，欧盟先后颁布了 6 项增值税指令，对于增值税的征税范围、税基确定、税率区间、免税规则和征税方式等事项做出了系统规定。在直接税方面，虽然早期协调力度有限，但近年欧盟先后通过反避税指令以及最低税指令，推动直接税领域税收征管合作取得新突破。这些措施均有效减少了贸易要素流动障碍，促进了欧盟统一市场的构建。

3. 建立强制性与灵活性相结合的税收仲裁机制

欧盟在税收仲裁领域展开了长达 30 年的探索，经历了从强制性仲裁程序到更具灵活性的类仲裁机制的发展。1990 年，欧盟签署了《避免对关联企业调整利润双重征税的公约》(简称《仲裁公约》)，引入了咨询委员会仲裁程序，作为相互协商程序的补充，以解决成员之间因转让定价而产生的税收争议问题。但是随着实践深入，《仲裁公约》在适用中暴露出适用性窄、规范性弱等缺点，导致在公约适用的 20 多年中，只有少数案例真正通过仲裁程序得以解决。因此，欧盟委员会于 2015 年启动了一项旨在建立公平、高效的企业税收制度的行动计划，最终于 2017 年欧盟理事会发布了欧盟关于建立税收争议解决机制的指令（简称《争议解决指令》)，适用于 2019 年 7 月 1 日之后的欧盟内部的所有跨境税收争议。相较于《仲裁公约》的强制性仲裁程序，《争议解决指令》设置了兼具灵活性、约束性和中立性的条款，区域内争议解决效率得到明显提升，为欧盟内部的税收合作与协调提供了坚实的后援保障①。

综上，欧盟区域税收征管合作实践措施对于促进区域内税收协调、提高税收治理效率和质量、推动经济一体化进程具有重要意义。这些措施不仅有助于减少税收竞争和逃避税行为，提高税收收入，还有助于促进成员之间的贸易和投资活动，推动欧盟经济增长和发展。

---

① 崔晓静. 国际税收协定解释的困境及其纾解［J］. 法学研究，2021，43（1）：191-209.

（二）非洲区域税收征管合作实践

非洲税务征管论坛成立于2009年，拥有38个成员国和准成员国，旨在通过交流、知识传播、能力发展和对区域及全球税收议程的积极贡献等方式改善非洲税收制度。非洲税务征管论坛通过20多项国别方案为非洲各国提供技术援助，建立非洲税收研究网络，为非洲国家的税收政策制定者以及税务从业人员提供培训。非洲税务征管论坛还借鉴OECD和联合国范本，于2016年和2019年出台了两版《非洲税务征管论坛税收协定范本》。各成员国在对该范本提出的保留意见中充分表达了其对于税收协定各条文的立场，未来非洲税务征管论坛各成员国可以在此基础上进一步就双边税收协定的谈签开展更深入的合作。

非洲税务征管论坛还积极参与全球税收规则的制定，为非洲国家争取利益，不仅参加了72个区域和全球论坛，在这些平台上代表其成员发表观点、争取利益，还成为BEPS包容性框架和联合国国际税务合作专家委员会的关键参与者。通过积极参与国际税收规则制定、反映非洲国家的政策诉求、为成员国参与谈判提供技术支持等行动，非洲税务征管论坛在全球税收治理中的影响力日渐提升。

（三）国际经济一体化区域税收征管合作经验借鉴

1. 增强经济一体化区域成员的团结性和稳定性

不论是欧盟还是非洲区域的实践经验均表明，增强区域内成员的团结性和稳定性是推进税收征管合作工作的重要前提，否则税收征管合作工作很难取得实质性进展。以欧盟为例，作为一个经济高度一体化的区域，大多数成员之间具备较好的政治互信，能够充分尊重欧盟区域的规则和政策。这种团结和稳定的环境为税收征管合作工作提供了有力的支持，使得欧盟在应对各种经济挑战时能够形成合力，共同促进区域经济的繁荣和发展。同样，非洲区域国家虽然经济发展相对滞后、资源分配不均，但是在区域税收征管合作过程中也充分体现了成员之间的团结性和一致性。例如，在OECD“双支柱”方案设计和谈判过程中，非洲税务征管论坛就积极凝聚内部成员国力量，提出了取消金额A规则适用的业务门槛、降低剩余利润分配的税收联结度门槛、允许符合条件的国家适用“选择性、有约束力的争议解决机制”等代表非洲国家利益的提议，且这些建议最终被BEPS包容性框架采纳，为非洲国家在国际税收规则制定中争取了更大的话语权。

2. 建立多元化的税收征管合作机构

多元化的税收征管合作机构是实现有效税收协调的重要保障。这些机构包括政府官方机构、非营利性政府间组织机构、行业协会、研究机构等，它们可以分工合作，共同推进税收征管合作工作。例如，欧盟区域内既有像欧盟委员会、欧盟理事会、欧盟法院这样的政府机构，还有像欧洲税收管理组织这样的非营利性政府间组织。这些机构加强了成员之间的沟通和合作，要求和推动各成员在税收政策执行过程中保持高度一致性和协同性，有效减少了税收竞争和税收逃避行为。此外，通过制定统一的税收协定范本和税收政策指南，这些机构可以为成员提供明确的政策指导和技术支持，促进各成员税收政策的逐步趋同和协调。

3. 完善税收争议解决机制

完善税收争议解决机制是保障税收征管合作顺利进行的重中之重。一个公正、高效且具备约束力的争端解决机制，可以有效维护成员的合法权益，降低合作过程中的摩擦与冲突。以欧盟为例，其通过颁布《争议解决指令》，构建了既灵活又具约束性、中立性的争端解决机制，极大地提高了区域内税收争议的处理效率。这一机制不仅推动了税收征管合作的顺利进行，还为成员提供了坚实的法律后盾。对于非洲地区而言，尽管其税收征管合作起步较晚，但在争议解决方面也在不断探索和实践。通过借鉴国际先进经验，非洲税务征管论坛正逐步构建和完善其税收争议解决机制，包括设立专门的争议解决机构、制定争议解决规则和程序、加强争议解决能力建设等。这些举措将推动非洲区域税收征管合作向纵深发展，促进成员之间的和谐共处与深入合作。

4. 注重法律工具在税收征管合作中的作用

制定明确的法律法规和政策文件，可以为税收征管合作提供明确的指导和规范，确保合作的有序进行。在欧盟区域税收征管合作实践中就显示了立法的重要性。欧盟通过制定一系列法规，为各成员提供了明确的税收征管合作框架和规则，确保了税收合作的顺利进行。这些法规不仅规范了成员的税收征管行为，还加强了成员之间的信息共享和协作，提高了税收治理效率和质量。

5. 建立区域内税收利益补偿机制

经济一体化区域内的税收征管合作的本质在于对成员国税收利益的协调。这需要充分考量各成员的发展水平、税制差异乃至文化差异等因素，以确保税收利益分配的公平与透明，防止潜在矛盾的产生。以欧盟为例，欧盟为了促进税收协调的公正性与效率，不仅设立了欧洲地区发展基金，还通过无偿援助与无息贷款的形式，积极扶持爱尔兰、希腊等经济发展水平相对较低的国家。这种策略不仅有效缓解了各成员对于经济一体化利益分配不均的担忧，更促进了成员之间的经济政策协调与合作，从而推动了整个区域的税收协调进程[①]。

上述国际经济一体化区域税收征管合作实践为“一带一路”税收征管合作机制提供了宝贵的经验借鉴。同时，也为其他发展中国家和地区的税收征管合作提供了参考和启示。对于发展中国家和地区来说，加强区域税收征管合作不仅可以促进区域内经济的稳定增长和税收收入的合理分配，还可以提高税收征管效率和减少逃避税行为。同时，通过参与国际税收规则制定和完善争议解决机制，发展中国家和地区也可以在国际税收治理中争取更大的话语权和更多的利益。

三、“一带一路”税收征管合作机制分析

（一）形成背景

2013 年“一带一路”倡议提出后，我国将其作为“走出去”的重要途径之一。由于“一带一路”所涉国家较多且各国税收制度不同，给“一带一路”的发展带来了风险及挑战，沿线各国构建“一带一路”税收征管机制的倡议应运而生。2018 年 5 月，国家税务总局与哈萨克斯坦国家收入委员会、OECD 有关机构共同举办“一带一路”税收合作会议，会议发布了《阿斯塔纳“一带一路”税收合作倡议》，提出构建“一带一路”税收合作长效机制的框架性构想。2019 年 4 月，在中国乌镇召开第一届“一带一路”税收征管合作论坛，34 个国家（地区）税务部门作为成员、22 个国家（地区）税务部门和国际组织作为观察员共同签署《“一带一路”税收征管合作机制谅解备忘录》，并联合发布了《乌镇声明》及《乌镇行动计划（2019—2021）》，此举标志着“一带一路”税收征管合作机制正式建立，也表明“一带一路”中的各主权国家经过相互协商的规范化税收合作平台正式建立。“一带一路”税收征管合作机制的宗旨是在坚持依法治税、提高税收确定性、加快税收争议解决、提升纳税服务、加强税收能力建设等领域开展税收合作、分享最佳税收合作实践，推动构建增长友好型税收环境。该合作机制的成功运行将有效减少“一带一路”各国（地区）经济贸易中的税收争议，为促进“一带一路”各国（地区）的增长友好型税收环境提供支持。

（二）实施效果

“一带一路”税收征管合作机制是第一个由中国主导建立的国际税收征管合

① 侯燕磊，魏巍．新发展格局下国际税收合作助力“一带一路”建设的路径研究［J］．中国物价，2023（5）：32–35.

作平台，截至 2023 年已经成功举办 4 次论坛。在该合作机制下建立了“一带一路”税收征管能力促进联盟，该联盟在北京设立秘书处，在扬州、北京、阿斯塔纳、澳门、利雅得设立了 5 所“一带一路”税务学院，已成功举办线上、线下培训 90 余期，来自 120 多个国家和地区的 5000 多名财税人员参与了培训。在该合作机制下还创立了“一带一路”税收征管合作机制官方网站和《“一带一路”税收》英文期刊，推动了合作机制从理念转化为行动、从愿景转变为现实。截至 2023 年 10 月，“一带一路”税收征管合作机制理事会成员已增至 36 个、观察员增至 30 个，成为“一带一路”倡议下具有重要影响力的多边税收合作平台。该机制为促进“一带一路”沿线国家（地区）贸易和投资便利化提供了动力，在推动沿线国家税收合作方面取得了显著成效：通过定期召开会议、开展税收培训等形式，各国之间分享税收政策和实践，加强了各国税务主管部门之间的联系和沟通，不断完善区域内税收协定和征管环节的协调合作，提高了税收制度透明度和效率，助力各国（地区）经济的稳定和持续增长①。

（三）风险与挑战

“一带一路”税收征管合作机制的建立有助于解决各国税收征管、税基转移和税收争议等问题，其建设目标为提高“一带一路”税收治理能力。因此，该税收机制的建立原则与目标同国际税收的愿景是相符的，可以期待随着“一带一路”税收征管合作机制的不断完善与发展，其将会为区域经济合作团体提供借鉴。但当前不可忽视的问题是，随着全球关系的不断推进、各国经济的黏合性越来越高、应税收入的流动性越来越强，以及数字经济的不断发展，跨国税收乃至国际税收都面临着较大的税收治理问题。同样，对于“一带一路”税收征管合作机制来说，由于其所涉及国家较多，国与国之间的政治、经济等差异较大，在面临以上诸多挑战时，会产生若干国际税收治理问题。

1. 数字经济发展带来征税管理挑战

数字经济时代的到来使得税收信息收集问题更加复杂，全球各国共同面临跨境电商主体征税之困、数字经济税收界定之难、税基侵蚀之殇和利润转移之繁等问题，税收征管数字化等问题尚没有权威、统一的解决机制，税收体制改革因数字经济与实体经济的融合和冲击变得越发迫切。“一带一路”倡议下，我国与沿线大部分国家在税收合作方面都取得了良好的基础性成果，但由于参与国家多为

① 励贺林．“一带一路”税收征管合作机制将发挥更大全球影响力［J］．税收征纳，2023（11）：12-14.

发展中国家，经济发展水平、政府规范化水平、监管科技化水平不一，在数字经济时代，这些国家在税收征管方面面临着更大的挑战。此外，还有少数国家尚未与我国开展税收合作，导致税收情报信息收集较为困难。

2. 合作机制本身仍处于发展初期，尚不够成熟

“一带一路”税收征管合作机制自提出以来，虽然取得了一定的进展，但在组织架构和运作机制方面仍有待进一步完善。《“一带一路”税收征管合作机制谅解备忘录》中虽然明确了合作机制的目标、宗旨、职责、机构设置、经费来源等问题，但在具体的权利和义务规则、组织运作及议事规则等方面的规定仍然不够详细和完善。另外，该机制主要基于软法规范，即通过非强制性的指导原则、框架协议等方式，推动沿线国家在税收征管层面开展行政技术性合作，尚未构建适用于所有共建“一带一路”国家的硬法规范和实体税法。这种合作模式虽然具有一定的灵活性和可操作性，但也存在着缺乏约束力、执行力度不够等问题①。

3. 消除国际重复征税的税制不完善

根据国际税法，可以将避免双重征税的方法分为事先协调确定管辖权和事后抵扣两种方式。在“一带一路”税收征管合作机制中，事后抵扣的方式主要是指“走出去”企业的归属国在税收制度中规定各种抵扣方式，如抵免法、免税法、扣除法和低税法等。由于“一带一路”沿线国家的政治、经济环境不同，税制差异较大，对于解决重复征税的抵扣方式也不同，个别企业可利用税制的忽视之处，进行税基侵蚀和利润转移，从而达到减轻税负的目标。因此，这会给“一带一路”税收征管合作带来税务治理风险。

4. 已签税收协定滞后于“一带一路”建设的发展

随着“一带一路”建设进程的推进，各国之间的经贸往来成为主要趋势，虽然各国之间已签订双边或多边协议，但仍有一些国家未与相关经济联系国家进行协定的签订。当前，“一带一路”处于不断发展中，个别国家的税制也处于不断发展变化阶段，因此，协定的效力与国家的税制会产生不符或冲突②。

---

① 崔晓静，孙奕．借鉴区域税收协调经验进一步完善“一带一路”税收征管合作机制［J］．国际税收，2023（10）：17–26.

② 余丽．基于国际税收理论的“一带一路”税收征管机制研究［J］．国际商务财会，2021（4）：31–33.

四、完善“一带一路”税收征管合作机制的重要意义及其发展建议

（一）完善“一带一路”税收征管合作机制的重要意义

1. 该机制的完善有利于推动国际税收体系更加公平

“一带一路”税收征管合作机制主要由沿线多个发展中国家发起和构建，其发展壮大能够有效提升发展中国家的国际税收话语权和规则制定权，反映发展中国家在全球税收治理中的利益诉求，推动国际税收秩序向更加公平和具有广泛代表性的方向进步。同时，完善“一带一路”税收征管合作机制也有助于促进沿线国家的经济发展和社会稳定。通过加强税收合作，各国可以共同打击跨境逃税和避税行为，维护税收公平和正义，为各国企业提供更加稳定、透明的税收环境，促进贸易和投资便利化，推动沿线国家的经济增长和社会发展①。

2. 该机制的完善有利于扩大我国在全球税收治理中的影响力

“一带一路”倡议作为我国倡导的重要国际合作平台，对推动全球治理体系的改革与完善具有深远影响。其中，税收征管合作机制作为“一带一路”建设的关键环节，其完善不仅有利于提升我国在税收领域的国际地位，还能扩大我国在全球税收治理中的话语权。通过积极投身并推动“一带一路”税收征管合作机制的优化，我国可与沿线各国携手探索和实践更为公正、高效、透明的国际税收体系，为全球税收治理贡献中国智慧和中国方案。此举不仅彰显了我国在税收领域的专业能力和领导力，更有助于提升我国的国际形象与影响力，进一步拓展我国的国际合作空间。

3. 该机制的完善将为我国“走出去”企业提供更加稳定、透明的海外税收环境

随着“一带一路”倡议的稳步实施，我国企业积极响应国家号召“走出去”寻找海外发展机会。然而，由于沿线各国税收制度的多样性和复杂性，我国企业在海外经营过程中时常遭遇各种税收风险和挑战。因此我们必须持续优化和完善“一带一路”税收征管合作机制，通过加强与沿线国家的税收合作，进一步降低税收差异所带来的风险和损失，也为企业更好地融入当地市场、提升国际竞争力提供有力支持。

---

① 崔晓静，孙奕．借鉴区域税收协调经验进一步完善“一带一路”税收征管合作机制［J］．国际税收，2023（10）：17-26.

（二）“一带一路”税收征管合作机制的发展建议

通过上述分析可知，“一带一路”税收征管合作机制的不断完善对于提升我国国际税收话语权、推动国内企业更好地“走出去”意义非凡。我国作为“一带一路”倡议的主要发起国，应积极承担大国责任，与沿线国家共同努力，推动税收征管合作机制不断完善。以下是一些具体的发展建议。

1. 不断丰富税收征管合作内容与合作形式

在面对各国复杂的税收环境与法律法规时，当前“一带一路”税收征管合作机制的践行，虽可以有效解决税收争议，促进各国的税收合作关系，但是该机制也不可能面面俱到。因此，需要对该机制进行补充与完善。例如，可以建立常设性质的税收争议专家裁定机构，依托先进技术进行税收问题的大数据收集，并加强各国税务部门负责人的交流，以提高税收协定的精准性，有效解决国际重复征税问题和税基侵蚀等不规范的跨国避税问题。此外，拓展合作内容和形式，逐步丰富“一带一路”区域税收征管合作的内容。可以税收征管合作为起点，逐步扩大到就相关实体规则的制定与适用开展合作，在增长友好型税收政策方面开展共商协调等。

2. 完善合作型税收协定与税收确定

在“一带一路”沿线国家的税收协定方面，部分国家未与相关经济联系国家签订税收协定，或者签订的税收协定滞后于“一带一路”建设的发展。因此，积极构建合作型税收协定成为完善“一带一路”国际协同关系的基础。首先，应加强国家间税收问题的对话，适当修改和适时更新税收协定的具体内容，从而提高税收协定的丰富性。其次，应积极构建多边和区域性国家间的税收合作渠道，充分考虑合作国家间的经济、政治、社会等环境，加强税收合作的交流，进行经验的相互借鉴与培训，从而简化税收征管的步骤、减少税收征管的差错性和提高税收合作的效率。最后，应加强“一带一路”沿线国家间的国际税收情报交换管理。国际税收情报交换已成为国际税收协定的基础，其必然也是推动“一带一路”沿线国家税收合作的重要推力。因此，在“一带一路”沿线国家间签订税收协定的同时，也应当规范合作国之间的国际税收情报交换条例，完善国际税收情报交换范本的建立与规范。同时，由于各国间的发展状况不同，应积极完善税收情报交换的网络化管理，以此提高税收合作的效率与完整性。

3. 扩大“一带一路”税收征管合作机制的国际影响力

联合国作为全球最具权威性和影响力的国际组织，对全球治理体系的改革与完善起着举足轻重的作用。我国作为"一带一路"倡议的主要倡导者，应当深化与联合国的合作，利用其全球影响力和资源优势，进一步拓展"一带一路"税收征管合作机制的国际影响力。例如，积极参与联合国在税收领域的讨论、决策和谈判，征集符合沿线国家共同利益的需求并积极发声，以推动建立更加公平、透明、高效的国际税收体系；加强与联合国在税收征管技术方面的合作，共同研发和推广先进的税收征管系统和技术，提升区域内税收征管的效率和准确性。

4. 积极顺应数字化发展趋势，加强税收征管能力建设

数字化技术为税收征管合作机制提供了全新的机遇。我国应坚定拥抱数字潮流，利用大数据、云计算、人工智能等先进技术，加强税收数据的收集、分析和利用，提升税收征管的精准性和效率。通过构建数字化税收征管平台，实现税收信息的实时共享和智能分析，为政策制定和税收征管提供有力支撑。同时，加强与沿线国家在数字化税收领域的合作，共同推动数字税收的发展，为全球经济增长注入新的动力。

5. 灵活运用法律工具规范税收行为

随着全球化的深入发展，"一带一路"倡议已成为推动沿线国家经济合作与发展的重要平台。目前，该机制主要依赖于倡议、声明等软法来规范成员的行为，这些软法在初期阶段凭借其包容性和灵活性的优势，为税收征管合作提供了基本框架和指导原则。然而，随着"一带一路"倡议的深入推进和贸易往来的日益频繁，税收征管合作面临着越来越多的挑战，软法在执行效力方面的不足逐渐显现，已难以满足复杂多变的税收征管需求。因此，为了推进"一带一路"税收征管合作机制的长期发展，必须逐步由软法向软硬法并施过渡。例如，应制定具有约束力的国际税收协定或公约，明确各方的权利和义务，确保税收征管合作的有序进行。此外，在制定硬法时，应充分考虑沿线国家的实际情况和发展水平，确保法律工具的公正性和可行性。

6. 强化国际税收人才培养，提升税收征管水平

"一带一路"税收征管合作机制的有效运行离不开专业化的人才支持。我国应加强税收领域的人才培养，提高税务人员的专业素质和技能水平。通过设立税收征管研究机构、开展税收培训项目、加强国际税收交流等方式，不断提升我国税务人员的专业素养和国际视野。同时，鼓励沿线国家共同参与国际税收人才培养，共同提升税收征管水平，为税收征管合作机制的长远发展奠定坚实基础。

总之，"一带一路"税收征管合作机制的完善与发展是一项长期而艰巨的任务，需要沿线各国共同努力、持续推动。我国作为“一带一路”倡议的发起国，应继续发挥积极作用，与沿线国家加强沟通与合作，共同推动税收征管合作机制的不断完善与发展，为我国“走出去”企业和沿线国家提供更加便捷、高效的税收服务，促进“一带一路”倡议的深入实施和沿线国家的共同繁荣。

第二节　“走出去”企业的财税人才培养

企业“走出去”涉税风险的产生很大程度上源于对对方国家税制不了解、出现税务问题不知如何解决、不清楚如何避免重复征税、不知道如何运用国际税收协定等，这些问题的症结在于企业缺乏能够解决国际税收问题的人才。人才问题成为“一带一路”倡议实施的关键问题，因此，《教育部 2021 年工作要点》中提出要出台《共建“一带一路”教育行动工作计划（2021—2025）》。目前，“走出去”企业国际税收人才状况以及人才需求如何？高职院校财税专业如何培养满足企业需求的国际税收人才？这些问题使得我们的研究具有其必要性。关于国际税收人才培养问题的研究很少，但是已经有学者研究“一带一路”倡议下法律、外语、国际汉语等专业人才培养的问题，这为我们研究“一带一路”倡议下高职院校财税人才培养问题奠定了基础，使得“走出去”企业财税人才的培养问题研究具有可行性。

一、“走出去”企业国际税收人才现状

为了解“走出去”企业国际税收人才的现实状况，我们对天津 32 家“走出去”企业进行了问卷调查，主要涉及如下方面。

（一）国际税收人才对于“走出去”企业的重要意义

参与调查的企业中，78.12% 的企业对境外税收法规及征管的了解情况为“不完全了解”或“完全不了解”；在企业面临的税收风险中，排序依次是税负较重以至于在海外市场缺乏竞争力（59.38%）、反避税调查（59.38%）、重复征税（43.75%）、税收歧视（37.5%）；另外，46.88% 的企业认为国际税收风险的成因主要是国际税收人才缺乏，远远超过国家税制差异、企业“走出去”准备不充分、未能有效解决税收争议等。可见，国际税收人才的匮乏是制约企业“走出去”的关键因素，拥有通晓国际税收规则的人才能够在相当大的程度上降低企业各项税收风险。

（二）"走出去"企业目前国际税收人才的配备

调查结果显示，65.63% 的企业并没有建立独立的国际税收部门；仅有 25% 的企业设有专门的涉外税收管理岗位，59.38% 的企业由其他岗位兼职，15.62% 的企业则委托财务公司代理；企业遇到国际税收难题的时候，50% 的企业会向中介服务机构寻求解决办法，25% 的企业会咨询税务机构，仅有 25% 的企业依靠企业国际税收工作人员来解决；企业国际税收工作人员的专业背景包括会计、法律、国际贸易、税务等，而且占比基本持平。可见，多数企业并没有建立起专门的国际税收人才队伍，这在很大程度上限制了企业"走出去"的步伐。

（三）"走出去"企业国际税收人才需求分析

调研显示，50% 的企业认为企业目前的国际税收人才不能满足企业的需求，并且普遍认为国际税收人才供给数量不足（占比 81.25%），国际税收人才培养质量难以满足企业实际需要（占比 96.88%）。这表明企业对于国际税收人才具有强烈的需求，而相关人才的供给从数量到质量都难以满足需求。另外，从人才需求规格来看，能够满足企业"走出去"的财税人才需要具备的能力排序如下：能够合理设计投资方案，以实现税收成本最低（3.25）；能够评估投资国的税收成本和风险（3.06）；能够帮助企业用好税收协定，为企业提供政策服务（2.91）；具有国际视野，通晓国际税收规则（2.06）；知晓我国税收政策，充分进行税收抵免，提高纳税遵从度（2.06）。除此之外，企业认为一名合格的国际税收人才除了具备税务专业知识与能力，还应该具备财会、法律、国际贸易等方面的知识、能力与素质。

总体来看，调研结论为"走出去"企业的国际税收人才匮乏，而我国每年都有大量的财税专业毕业生涌入劳动力市场，这让我们不得不思考相关专业人才培养的适应性问题。

二、高校财税人才培养的适应性

（一）国际税收人才的特点

跨国经济业务的涉税问题因国家间税制差异、国际税收协调等因素而变得复杂。国际税收人才的工作领域包括合理估计企业境外投资税收成本、制定与实施纳税筹划方案、规避税务风险、办理税费计算与缴纳等。国际税收业务具有复杂性、复合型的特点，除了以"税"为核心的工作领域，工作中还需要了解跨国投资的相关法律法规，掌握国际贸易相关知识，具备一定的外语水平。因此，相应地，国际税收人才也具有国际化、复合型的特点，他们必须具备跨专业的综合知识、技能和素质，并且需要具有较强的国际视野和可持续发展能力。

（二）类型教育特征下职业教育与普通教育税务专业人才培养的异同

《中华人民共和国职业分类大典》（2022年版）中将税务专业人员作为一个小类，列举了其主要工作任务，如税务登记、税务筹划等。职业分类是制定职业标准的基础，也是职业教育的定位仪。税务专业人员作为人力资源和社会保障部公布的一种职业，是经济社会发展与劳动分工的结果。2022年修订的《中华人民共和国职业教育法》第十一条明确指出：“实施职业教育应当根据经济社会发展需要，结合职业分类、职业标准、职业发展需求，制定教育标准或者培训方案。”高校开设税务类专业也是为了培养专门人才在未来从事税务职业，满足社会对于税务专业人才的需求。

税务专业专门培养涉税岗位人才，国际税收人才是税务专业人才培养的一个方向。国际税收业务比较复杂，但是不能误以为只有本科及以上学历的毕业生才能胜任。目前，结合《职业教育专业目录（2021年）》，教育部发布了《职业教育专业简介（2022年修订）》（简称《专业简介》），但是尚未发布对应的专业教学标准。

1. 职业教育税务专业人才培养纵向对比

我们通过对比《专业简介》中对中等职业教育、高等职业教育专科、高等职业教育本科（简称“中高本”）税务专业人才培养的职业面向、培养目标定位、专业核心课程、实习和实训，来看“中高本”职业教育税务专业人才的贯通培养，如表6–1所示。

表6–1　“中高本”职业教育税务专业人才的贯通培养

分类	中等职业教育 纳税事务 （专业代码：730101）	高等职业教育专科 财税大数据应用 （专业代码：530101）	高等职业教育本科 财税大数据应用 （专业代码：330101）
职业面向	纳税事项办理、税务代理、税务咨询、税费核算、代理记账、数据共享等岗位（群）	企业税务会计、企业财税主管、财税代理与咨询、税收征管助理、行政事业单位会计、财税数据分析、财税机器人应用与维护等岗位（群）	企事业单位财税核算与管理、财税代理与共享服务、财税顾问与决策咨询、政府财税收支核算与管理、财税大数据系统及财税机器人应用与开发等岗位（群）

续表

分类	中等职业教育 纳税事务 （专业代码：730101）	高等职业教育专科 财税大数据应用 （专业代码：530101）	高等职业教育本科 财税大数据应用 （专业代码：330101）
培养目标定位	突出纳税事项办理、税费核算与缴纳、税务咨询与服务、财税文书撰写、财税数据分析等能力培养，定位为技术技能人才	突出大数据和财税智能化工具应用、财税会计核算与管理、财税数据分析与应用、财税机器人应用与维护等能力培养，定位为高素质技术技能人才	突出大数据思维和大数据工具应用能力、财税业务核算与管理能力及智能化财税技术开发与应用等能力的培养，定位为高层次技术技能人才
专业核心课	财税票证使用与管理、企业会计实务、税费核算与缴纳、智能财税共享服务、财税代理服务、小企业纳税管理、企业所得税汇算清缴	税务会计、智能化税务管理、纳税检查、纳税筹划、业财管理信息系统应用、行政事业单位会计、财税机器人应用与维护、财税大数据分析	智能化税务会计、大数据税务风险防控、智能化税务管理、企业财税顾问、政府会计、政府采购理论与实务、财税大数据分析、财税机器人应用与开发
实习和实训	对接真实职业场景或工作情境，在校内外进行纳税事项办理、税务代理、税务咨询、代理记账、税费核算、大数据应用等实训。在财税服务中介机构、社会与集团财税共享中心、中小微企业等单位（场所）进行岗位实习	对接真实职业场景或工作情境，在校内外进行纳税申报业务、财税代理业务、税收征收管理业务、税务会计和行政事业单位会计、财税大数据分析、智能财税工具运用等实训。在企业、行政事业单位、税务机关等单位进行岗位实习	对接真实职业场景或工作情境，在校内外进行财税核算、财税咨询、财务共享、税收管理、财税大数据分析、智能财税工具运用等实训。在各类企业单位、财税服务机构、财务共享中心、行政事业单位和政府财税机关等单位（场所）进行岗位实习

通过上述内容，我们可以明显发现职业教育税务专业人才培养的递进性。

（1）课程设置的递进

在中等职业教育阶段，课程设置主要注重税务专业基础知识的学习和实践技能的初步掌握。通过让学生接触和了解涉税基础知识，培养他们的学习兴趣和职业素养。到了高等职业教育专科阶段，课程设置开始注重专业知识的深入学习和实践技能的提升。学生需要掌握更加专业、深入的知识，以适应日益复杂的工作环境。到了高等职业教育本科阶段，课程设置则更加注重理论知识的系统性和完整性，以及对前沿技术的探索和研究。学生需要具备较强的学术素养和创新能力，以适应不断变化的科技和社会发展。

（2）实践教学的递进

实习和实训是中等职业教育、高等职业教育专科、高等职业教育本科人才培养中不可或缺的一部分。在中等职业教育阶段，实践教学主要以专业基础技能训练为主，通过实习、实训等方式，让学生初步掌握职业技能。到了高等职业教育专科阶段，实践教学开始注重综合能力的培养，通过项目式、案例式等教学方式，让学生在解决实际问题的过程中提升专业技能和团队协作能力。到了高等职业教育本科阶段，实践教学则更加注重科研能力和创新能力的培养，通过参与科研项目、创新实践等方式，让学生具备更强的创新能力和实践能力。

（3）学生能力的递进

中等职业教育、高等职业教育专科、高等职业教育本科人才培养的递进最终体现在学生能力的递进上。在中等职业教育阶段，学生主要掌握基础的职业技能和知识，具备一定的职业素养和实践能力。到了高等职业教育专科阶段，学生的专业技能和团队协作能力得到进一步提升，开始具备解决实际问题的能力。到了高等职业教育本科阶段，学生的学术素养、创新能力和实践能力得到全面提升，开始具备开展科学研究和创新实践的能力。

中等职业教育、高等职业教育专科、高等职业教育本科人才培养的这种递进关系不仅符合教育规律和人才培养需求，也为学生未来的职业发展奠定了坚实的基础。但是，从目前职业教育税务专业人才培养的情况来看，对于“走出去”企业所需的专业财税人才的培养仍显不足。

2. 职业教育与普通教育税务专业人才培养的横向对比

从目前颁布的专业教学标准来看，《高等职业学校税务专业教学标准（征求意见稿）》和《普通高等学校本科专业类教学质量国家标准》分别对高职税务专业和普通本科税收学专业教学予以规范，对比发现，二者对于税务专业人才培养目标、培养规格有相同之处，也有区别。

（1）人才培养目标的异同

二者在人才培养目标的具体表述上不尽一致，但是均体现了“立德树人”这一教育的根本任务，均包含了对专业知识与专业能力的要求。就业面向岗位基本上涵盖了各种类型的企事业单位的专业相关岗位。另外，二者的显著区别在于人才培养定位上，高职教育旨在培养高素质技术技能人才；普通本科教育旨在培养应用型、复合型、创新创业型人才。

（2）人才培养规格的异同

二者均从知识、能力、素质三个维度对人才培养规格进行了规范，从表述上来看，高职税务专业人才培养规格较普通本科更为详尽。在知识培养目标方面，高职教育更加突出专业知识，"专"的特点更明显，普通本科教育则将知识划分为基础性知识、专业性知识和工具性知识，"广"的特点更突出；在能力培养目标方面，高职教育对于专业岗位能力的要求更具体，同时强调学习能力、沟通能力等，普通本科教育体现了对于学习、沟通、专业能力的要求，只是在专业能力的表述上比较简略；在素质培养目标方面，高职教育涵盖的内容更加广泛，除了普通本科教育中所要求的公共意识、敬业精神、创新意识、审美情趣、健康的心理和体魄等，还强调了爱国情怀、工匠精神等。

因此，与普通教育相比，职业教育更加注重技术技能、工匠精神的培养，其作为一种类型教育，在国际税收技能型人才培养中具有重要的作用。

（三）职业教育的国际税收人才培养优势

国际税收人才作为财税人才培养的一个分支，对于人才具有特殊要求。职业院校国际税收人才的培养目标应当与"走出去"企业的人才需求相适应，从知识传授、能力培养、素质提升三个维度着手，以职业能力培养为核心，全力打造符合产业需求的职业素养。在一般财税人才培养目标的范式表达基础上，国际税收人才的培养目标更加体现满足企业"走出去"的特殊要求，突出强调相关人才应具有国际意识、尊重多样性、了解沿线国家的历史文化等；需要重点掌握国际税收知识，着重培养处理国际涉税事务的能力。

三、"一带一路"倡议下职业教育财税人才培养路径

以天津商务职业学院财税大数据应用专业（简称"税务专业"）为例，重点探讨职业院校税务专业国际税收人才的培养路径。

（一）紧贴区域人才需求，调整专业办学方向

目前，天津的高职院校仅天津商务职业学院开设了税务专业，该专业毕业生当前的就业去向与大数据和会计专业趋同，从事出纳、代理记账等岗位工作，专业特色没有显现出来。天津拥有大量对外承包工程经营主体和对外劳务合作企业，这些企业对于国际税收人才有着很大的需求。通过上面分析也可以看出，职业教育税务专业人才培养供给专业要根据市场人才需求适时调整办学方向，开展"走出去"企业涉税业务技术技能人才的订单培养，与多家"走出去"企业联合签订订单协议，开设国际税收订单班，校企合作培养满足"走出去"企业国际税收岗位需求的专门人才。这是专业服务国家战略和区域经济发展的有效途径。当然，专业如要更好地对接产业链、满足市场需求还需要区域发布人

才需求预测信息，国家也要尽快出台相应的职业标准。

（二）依据岗位需求，建立国际税收订单班课程体系

1. 当前的专业课程体系

如表 6–2 所示，该学校当前的专业课程体系能够支撑培养税务专业技术技能人才的培养目标，在培养税务专业人才方面具有一定的适应性，但是对于“走出去”企业税务专业人才的培养能力明显不足。“国际税收”课程也已经从专业的课程体系中删除。

表 6–2 专业课程体系

项目	公共基础课	专业必修课	专业选修课
课程名称	思想道德修养与法律基础、公共英语、党史国史类课程、中华优秀传统文化类课程、大学生创新创业指导等	基础会计、经济法基础、中国税制、企业财务会计、纳税筹划、业财一体信息化、EXCEL 财务应用、税务会计、纳税申报	财经法规与职业道德、会计岗位综合实训、审计综合实训、外经贸会计实务、纳税筹划综合实训

2. 建设专门的订单培养课程体系

国际税收人才需要强化国际贸易、外语、法律等知识，因此，可以将课程模块具体分为文化、工具、专业三个模块（图 6–1）。文化模块的主要功能是帮助学生了解“一带一路”沿线国家的文化，我们可以借助国内已经建设的课程资源开展学习，如国家职业教育智慧教育平台上的“‘一带一路’贸易文化传承与创新”；工具模块的功能是帮助学生学习与开展国际税收岗位工作相关的其他专业知识，如国际贸易、法律等；专业模块是核心，其功能主要是针对国际税收的岗位工作内容，培养学生的核心岗位能力。

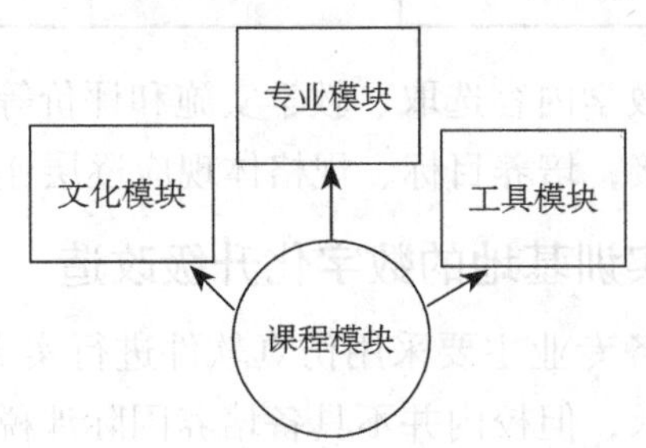

图 6–1 课程模块

（三）着力打造国际税收课程，培养核心能力

在《高等职业学校税务专业教学标准（征求意见稿）》中，"国际税收"课程被列为专业核心课程。在订单培养过程中，这门课程是最主要的专业课程，需要校企合作进行课程的教学设计，如表 6–3 所示。依据岗位工作任务选取教学内容，主要包括税收管辖权、国际避税、国际税收协定等问题；课程教材可以采用工作手册式新形态教材，能够适应项目学习、案例学习等学习要求；采用真实项目、典型任务、案例教学等教学方法；由学校教师和企业实践指导教师交替组织教学活动。

表 6–3 "国际税收"课程教学设计

教学目标		教学内容	教学实施	教学评价
知识目标	熟悉国际税收制度；掌握"走出去"企业税收风险管理方法；掌握涉税争议的处理方法等	依据国际税收岗位典型工作任务确立课程教学内容。目前"走出去"业务多为对外承包工程，以不同环节的涉税业务作为"项目"，实施项目化或者任务式教学。例如：任务一，税收成本与风险预测；任务二，税收抵免与节税；……	教学组织：校企交替；分组教学；以学生为主体 教学方法：案例教学；项目教学；角色扮演 教学手段：数字化	校企双元评价；侧重过程评价
能力目标	能够合理预测企业走出去的税务成本与风险；能够办理跨境税收的抵免、优惠等事务；能够处理税收争议、反避税等			
素质目标	具有强烈的财经法律意识；具有较强的国际视野与思维；尊重跨国文化多样性等			

在教学目标设定、教学内容选取、教学实施和评价等方面，高等职业教育专科与本科层次要做好衔接，培养目标、规格体现应逐层递进。

（四）提升专业实训基地的数字化升级改造

目前，该学校的税务专业主要采用仿真软件进行实训，基本满足纳税申报、税务会计等课程使用需求，但校内并不具备培养国际涉税业务处理能力的实训条件。伴随着数字经济对税收影响的加大，税收数字化、信息化程度越来越高。税

务专业要积极开展数字化改造升级，培养学生数字化动手能力。在校内资源短期内无法满足的情况下，可以充分借助企业资源开展实训，以培养学生解决实际问题的能力、综合实践能力和终身学习的能力。

（五）积极与“走出去”企业开展校企合作

目前，税务专业与企业的合作基本停留在引入企业人员开展校内讲座、输送学生到企业顶岗实习等，产教融合的深度和广度都不够。2019 年，中华全国工商业联合会正式对外发布的《“一带一路”沿线中国民营企业现状调查研究报告》表明，人力资源问题正在成为‘一带一路’沿线中国民营企业发展的重要短板。天津作为我国北方最大的沿海开放城市，具有丰富的“走出去”企业资源。2023 年 5 月，教育部和天津市人民政府制定了《关于探索现代职业教育体系建设改革新模式的实施方案》（简称《方案》），提出要组建区域产教联合体，包括打造天津东疆综合保税区数字经济产教联合体，由天津东疆综合保税区管委会牵头，由包括天津商务职业学院在内的院校，以及天津港（集团）有限公司等企业参与，成立理事会。税务专业要想积极响应国家“一带一路”倡议，肩负起为“走出去”企业输送更多高质量的技术技能人才的使命，就必须主动寻求与企业合作的机会，以企业需求倒逼专业改革。

（六）强化职业教育人才培养的国际化与复合型特征

国际税收人才具有国际化与复合型的特征。复合型主要体现在国际税收人才要具备财税、法律、外贸等多专业的知识、技能和素质。国际化主要体现在国际税收人才要具有国际视野，熟悉国际税收的规则和国际惯例，另外，要尊重世界文明多样性，强化对于“一带一路”沿线国家的文化认知，坚定民族自信、文化自信，充满自信地开展跨文化交流、处理国际事务。因此，职业教育助力“一带一路”建设，要着重在人才培养的国际化方面下功夫，在课程体系构建、师资队伍配备、制度体系保障等维度进行顶层设计。

（七）打通纵向贯通的职业教育税务专业人才培养通道

1. 从专业目录看税务专业人才贯通培养

《国家职业教育改革实施方案》（国发〔2019〕4 号）首次将职业教育作为一种类型教育提出来，国家也瞄准了纵向贯通、横向融通的现代职业教育体系的建设目标。《职业教育提质培优行动计划（2020—2023 年）》中要求“把发展本科职业教育作为完善现代职业教育体系的关键一环，培养高素质创新型技术技能人才，畅通技术技能人才成长通道”。2021 年 3 月，教育部发布了《职业教育专业目录（2021 年）》，对接现代产业体系，服务产业基础高级化、产业链现代化，一体化设计了中等职业教育、高等职业教育专科、高等职业教育本科不同层次专业。中等职业教育专业目录中新增了“纳税事务”（专业代码：730101）专业，高等职业教育专科专业目录中将“税务”专业与“财政”专业合并为“财税大数据应用”（专业代码：530101）专业，高等职业教育本科专业目录中新增了“财税大数据应用”（专业代码：330101）专业。可见，职业教育培养税务专业人才的“中高本”贯通培养的通道已经打通，职业教育在为“走出去”企业培养国际税收人才、服务国家“一带一路”倡议中将大有可为。

2. 国际税收人才在职业教育“中高本”中的培养衔接

“一带一路”倡议的推进实施为国内企业加快“走出去”步伐提供了前所未有的机遇。培养满足企业需求的国际税收人才是职业教育适应性的充分体现。《方案》提出促进不同层次职业教育有效衔接，建立职业教育和普通教育渗透融通机制等，并提出建设高水平职业技术大学和新型产业学院、深化中高职系统化人才培养等措施。职业教育的专科与本科层次对应培养不同层次的国际税收人才，其所从事岗位工作的复杂性、系统性不同，职业技能等级不同。要把中等职业教育、高等职业教育专科、高等职业教育本科层次的税务专业人才培养衔接起来。研究制定职业教育各个层次一体化人才培养方案，构建贯通式专业课程体系，探索一体化评价体系。目前，天津的中等职业教育院校尚未开设“纳税事务”专业，高等职业教育专科院校也仅有 1 家开设“财税大数据应用”专业，高等职业教育本科层次的“财税大数据应用”专业尚为空白。纵向贯通培养税务专业人才的体系尚未搭建起来。

3. 加快本科层次职业教育国际税收人才培养

中等职业学校注重为高等职业学校输送具有扎实技术技能基础和合格文化基础的生源。2022 年修订的《中华人民共和国职业教育法》规定，“中等职业学校可以按照国家有关规定，在有关专业实行与高等职业学校教育的贯通招生和培养”。除了设立本科层次的职业学校，还可在普通高等学校设置本科职业教育专业、在专科层次的职业学校设置本科职业教育专业。这表明，职业学校的学生不仅可以读专科，还可以读本科，从法律层面畅通了职业学校学生的发展通道，打破了职业教育止步于专科层次的“天花板”。《本科层次职业教育专业设置管理办法（试行）》提出本科层次职业教育专业设置应“坚持高层次技术技能人才培养定位”。国际税收业务对于从业人员的综合素质与能力要求较高，与本科层次职业教育税务专业人才培养定位相匹配。因此，开展国际税收本科层次职业教育是目前高端国际税收人才有效供给不足的迫切需求。

“一带一路”建设极大地促进了我国的对外开放和国际合作，为我国企业“走出去”搭建了更加广阔的国际舞台。培养高质量专业技术技能人才是深化“一带一路”建设的迫切需要和重要保障。职业学校应依托天津“一带一路”建设高质量发展的区域经济优势，瞄准“走出去”企业税务专业人才需求，大力实施专业改革，不断提高专业的适应性。

参考文献

[1] 邓力平．国际税收竞争：基本分析、不对称性与政策启示［M］．北京：经济科学出版社，2009．

[2] 张泽忠，许悦．共建“一带一路”背景下中非税收合作机制探析［J］．国际税收，2023（11）：54–61．

[3] 黄凤羽，李洁．税制结构演变的国际经验与中国展望［J］．财经理论与实践，2023，44（5）：68–75．

[4] 皮乔托，梁若莲．徘徊在十字路口的跨国企业国际征税［J］．国际税收，2023（5）：32–38．

[5] 陈建奇．数字经济时代国际税收规则改革逻辑及政策重点［J］．中国党政干部论坛，2022（3）：84–88．

[6] 罗秦，曾帅．走向国际化的中国税收：“入世”二十周年的视角［J］．税务研究，2021（11）：25–33．

[7] 廖体忠．国际税收政策的世纪选择与未来出路［J］．国际税收，2021（2）：3–11．

[8] 杨肖锋，邹闻苡．中资企业投资“一带一路”沿线国家（地区）面临的税收挑战及对策建议：以深圳跨国企业为例［J］．国际税收，2020（3）：74–77．

[9] 国家税务总局河南省税务局课题组，智勐．“一带一路”视野下“走出去”企业面临的税收风险及应对［J］．税务研究，2019（12）：68–70．

[10] 储宇强，韦邦荣．财税政策助力安徽参与“一带一路”建设的效应分析：基于面板数据的实证［J］．西华大学学报（哲学社会科学版），2018，37（2）：96–104．

[11] 林江，姚翠齐．基于国际公共产品理论的“一带一路”财税支持政策分析［J］．财政监督，2017（16）：5–11．

[12] 周波，韩金晓．应对“一带一路”建设风险与挑战的财税政策研究［J］．财政监督，2017（16）：17–23．
[13] 徐素波．推进“一带一路”建设的财税政策研究［J］．社会科学家，2017（8）：68–72．
[14] 林江，曹越．推进“一带一路”建设的财税协调机制探讨［J］．税务研究，2016（3）：28–33．
[15] 杨志勇．实施“一带一路”战略的财税政策研究［J］．税务研究，2015（6）：16–21．
[16] 荣玮，陶祥令，王峰．“双高计划”视域下高职复合型国际化人才培养研究［J］．教育与职业，2023（9）：91–96．
[17] 中国国际税收研究会课题组，薛钢，蔡颜西．服务构建更高水平开放型经济新体制相关税收问题研究［J］．国际税收，2022（9）：35–41．
[18] 郑义，金濯．产教融合视域下高职国际化人才培养体系研究［J］．教育与职业，2022（16）：97–101．
[19] 陈子季．编好用好新版职业教育专业目录 服务“十四五”高质量发展［J］．中国职业技术教育，2021（7）：5–8．
[20] 王玉琴．应用型大学税务人才培养模式探析［J］．财会月刊，2018（20）：106–109．
[21] 何杨，赵姗，廖鋆曦．2023 年国际税收和“一带一路”税收研究综述［J］．税务研究，2024（3）：49–56．
[22] 朱炎生．BEPS 项目十年回顾：国际税收协调机制的多边化转型［J］．国际税收，2023（12）：13–20．
[23] 张泽忠，许悦．共建“一带一路”背景下中非税收合作机制探析［J］．国际税收，2023（11）：54–61．
[24] 高玉强，李哲，臧朋朋．跨国公司转让定价税务风险管理及应对策略［J］．公共财政研究，2023（4）：59–69．
[25] 贡子然，徐灵波．数字经济背景下“一带一路”的国际税收发展分析［J］．国际商务财会，2023（13）：76–78．
[26] 侯燕磊，魏巍．新发展格局下国际税收合作助力“一带一路”建设的路径研究［J］．中国物价，2023（5）：32–35．
[27] 卢颖异．国际税收争议解决机制的新发展及其应对［J］．法学，2023（4）：174–191．

[28] 张潇澜．“一带一路”背景下国际税收争端解决机制研究［J］．河北企业，2023（4）：37–39.
[29] 廖益新，冯小川．“一带一路”背景下国际税收争议解决机制的改革创新［J］．厦门大学学报（哲学社会科学版），2022，72（5）：16–29.
[30] 刘栩畅．美国减税政策对外国直接投资的影响及其对我国的启示［J］．全球化，2021（3）：86–96.
[31] 刘书明，余燕．RCEP 国家区域性国际税收协调机制研究［J］．税务研究，2021（5）：70–76.
[32] 陈勃．相互协商程序与我国税收争议解决机制的衔接［J］．税务与经济，2021（2）：48–53.
[33] 郑佳军，刘禹宏．“一带一路”倡议下税收改革面临的机遇和挑战［J］．山西农经，2019（15）：26.
[34] 瑞红．深化国际税收合作 构建“一带一路”征管机制［J］．税收征纳，2019（5）：6–8.
[35] 周野．俄罗斯境外所得税收抵免制度简介与评析［J］．国际税收，2019（4）：52–57.
[36] 厦门市地方税务局课题组，陈红伟，赵宇，等．金砖国家境外税收抵免制度比较研究［J］．福建论坛（人文社会科学版），2018（5）：26–35.
[37] 邢天添，于杨．借鉴日本经验完善我国对外直接投资税收激励政策［J］．税务研究，2017（1）：83–86.
[38] 厦门市地税局课题组，吴振坤，张毅，等．“一带一路”战略发展与税收利益国际协调研究［J］．福建论坛（人文社会科学版），2016（2）：43–51.
[39] 楚天骄．欧盟吸引跨国公司 R&D 投资的政策走向及其启示［J］．世界地理研究，2011，20（3）：11–17.
[40] 刘耘．促进企业海外投资财税政策的国际比较及借鉴［J］．经济纵横，2005（4）：53–55.
[41] 范佳琦．优化我国境外注册居民企业所得税课税制度研究：从实际管理机构和境外所得税收抵免制度视角［D］．杭州：浙江财经大学，2022.
[42] 刘文霞．高职院校与“一带一路”企业的合作模式研究［D］．上海：华东师范大学，2022.
[43] 刘婷婷．“一带一路”的财税支持政策研究［D］．济南：山东财经大学，2016.

[44] 傅丽姝．我国境外所得税收抵免法律制度研究［D］．上海：华东政法大学，2012．

[45] 张悦．税收激励对中国对外投资企业创新的影响：基于研发费用加计扣除政策的证据［D］．杭州：浙江大学，2023．

[46] 杨庆．数字时代国家税收治理转型研究［D］．长春：吉林大学，2023．

[47] 梁惠秀．“一带一路”背景下财税激励对中国企业对外直接投资的影响研究：基于融资约束视角［D］．南宁：广西大学，2023．

[48] 李良．“一带一路”背景下南宁市“走出去”企业税收服务与管理问题研究［D］．南宁：广西大学，2023．

[49] 刘欢乐．区域一体化背景下税收利益协调机制研究［D］．重庆：重庆工商大学，2023．

[50] 姜美玲．“一带一路”倡议下我国海外投资保险法律制度研究［D］．济南：山东大学，2022．

[51] 方淞锋．我国与“一带一路”国家税收相互协商程序研究［D］．武汉：中南财经政法大学，2022．

[52] 高邓胜．深圳经济特区的发展历程及经验启示研究［D］．郑州：河南农业大学，2022．

[53] 陈钊滢．“一带一路”跨境税收争议解决引入调解机制研究［D］．厦门：厦门大学，2021．

[54] 毕星．“一带一路”对外与对内投资中的税收优惠法律制度研究［D］．兰州：兰州财经大学，2020．

[55] 郭艳玲．“一带一路”背景下国际税收争端解决机制研究：基于经合组织多边公约与欧盟争端解决指令的比较［D］．上海：华东政法大学，2020．

[56] 张诗瑶．完善我国税收协定中相互协商程序的研究［D］．北京：中国社会科学院大学，2020．

[57] 刘燚．税收协定相互协商程序在国内法的落地及我国相关规则的完善［D］．厦门：厦门大学，2020．

[58] 聂惠惠．“一带一路”背景下国际贸易争端解决机制的构建［D］．天津：天津师范大学，2020．

[59] 朱乐乐．关于税收协定相互协商程序发展与完善的研究［D］．上海：华东政法大学，2019．

[60] 李炫周．韩国海外直接投资对东道国贸易效应分析［D］．北京：对外经济

贸易大学，2019.
[61] 唐婷. 湖南省企业“走出去”的财税支持政策研究［D］. 长沙：湖南大学，2014.
[62] 李保春. 云南“走出去”发展战略与实现路径的财税政策研究［D］. 北京：财政部财政科学研究所，2013.
[63] 岑飞. 论非洲税收法律制度［D］. 湘潭：湘潭大学，2009.